仰顧山房文藁

俞国林 著

凤凰枝文丛／孟彦弘 朱玉麒 主编

凤凰出版社

图书在版编目（CIP）数据

仰顾山房文稿 / 俞国林著. -- 南京 ： 凤凰出版社，2020.6
（凤凰枝文丛 / 孟彦弘，朱玉麒主编）
ISBN 978-7-5506-3180-9

Ⅰ. ①仰… Ⅱ. ①俞… Ⅲ. ①出版事业－文化史－中国－文集 Ⅳ. ①G239.29-53

中国版本图书馆CIP数据核字(2020)第071236号

书　　名	仰顾山房文稿
著　　者	俞国林
责任编辑	韩凤冉
书籍设计	徐　慧
出版发行	凤凰出版社(原江苏古籍出版社) 发行部电话025-83223462
出版社地址	南京市中央路165号,邮编:210009
出版社网址	http://www.fhcbs.com
照　　排	凤凰零距离数字印前中心
印　　刷	苏州市越洋印刷有限公司 苏州市吴中区南官渡路20号　邮编:215104
开　　本	880毫米×1230毫米　1/32
印　　张	10.5
字　　数	193千字
版　　次	2020年6月第1版　2020年6月第1次印刷
标准书号	ISBN 978-7-5506-3180-9
定　　价	68.00元 (本书凡印装错误可向承印厂调换,电话:0512-68180638)

俞国林

浙江桐乡人。2001年毕业于北京师范大学中文系。现为中华书局编辑。撰著《天盖遗民：吕留良传》《吕留良诗笺释》，点校《吕留良全集》《四书讲义》《郑天挺西南联大日记》《中国近三百年学术史》等。

弁 言

“凤凰台上凤凰游”，是李白《登金陵凤凰台》之诗句，昔年我江苏古籍出版社立足南京、弘扬文史，而更名所由也。

“碧梧栖老凤凰枝”，是杜甫《秋兴八首》所吟咏，今日我凤凰出版社为学林添设新枝，而命名所自也。

30多年来，凤凰出版社围绕中华传统优秀文化，彰显传承文明、传播文化、服务大众、贡献学术的出版理念，坚持以整理出版中国文、史、哲古籍及其研究著作为主的专业化方向，蒙学界旧雨新知之厚爱、扶持，渐已长成“碧梧”，招引了学界“凤凰”翩然来栖。箫韶九成，凤翥凰翔！嘤其鸣矣，求其友声！

“凤凰枝文丛”是本社与学界同人共同打造之文史园地，除学术研究论文外，举凡学人往事、经典品评、学术札记之文化随笔，旧学新知，无所不包。是作者出诸性情而诗意栖息之地，读者信手撷取而涵泳徜徉之处。

“凤凰鸣矣，于彼高冈。梧桐生矣，于彼朝阳。”

愿“凤凰枝文丛”成为我们共同的文化家园。

2019.5.22

目录

图版目录

钞书的日子

偶尔有了一股冲动，那是二〇〇〇年的春天。

许是读了一点先人的语言，忽然也有了“乐之者不如好之者”的心情；许是看烦了小学的枯燥，想寻求已经不在了的辉煌；许是受到朋友收藏古玩的影响，目光有时也会转到尘封了几十年、甚至几百年的书籍；许是因为当今学术领域的繁荣，以至于到了无孔不入的境界，蓦然地想读一些别人很难看到的图书。

不知道是哪个下午，或者黄昏，翻阅《香艳丛书》的心情无意中停留在了宫词的面前。我惊诧于寻找的乐趣，原来在这已经放存了两年的书中。

于是，漫长的查书、钞书的经历也就开始了。

五月的北京，天变热了。

拥有的或许真的会束之高阁，我知道了那几种宫词的书名，就想着更多的收获。在自家的图书馆中，慌忙地找出类似的诗句。当我翻开沈钦韩《幼学堂诗稿》，找到其中的两百首宫词时，没有人知道，我竟默默地钞了起来。而后，当一个选本——《宫词小纂》出现在我面前的时候，因为读书太少，我竟又一字不漏的填满了从琉璃厂高价购回来的红格钞本。我后来才发现，此书民国时有铅字本，近来中国书店又据以影印。可以低价复印的东西，我又何必浪费那么多时间去钞录呢？但是，这份心情，以及这份钞书的虔诚，难道是花几个钱就能带来的吗？待到今年春天，翻看《列朝诗集》的时候，我才知道，张海鹏《宫词小纂》里的内容，全部是从这部书里摘钞过去的。因为我曾经怀疑，张海鹏《宫词小纂》对每一位作者的宫词为什么都只是选录，原来是先天不足（《列朝诗集》本身就是选本）。

在师大的日子，忽然发现了一个稿本，属善本，书名叫《渔闲小志》，是地方志，不在宫词之列。但当得知此书是关于乡邦文献的，也就放下了对宫词的执着，找到了许多更有意义的信息。也正如我在南京、上海的图书馆里，顺便复印了几部乡先贤的遗著。比如方粲的《雪屏诗存》，地方上的老先生们都以为于世无存了，忽然出现在我的手中，欣喜若狂。注意了其馀的文献，钞录花费了不少的时间。暑假到了，而师大的图书馆也要整理，书就在外面的世界了。

七月的天空，北京。

我曾经高价复印过吕晚村的文集，在国子监里，也就是首都图书馆。那儿的书不多，然而免费阅览的古籍部，对我来说无疑也是一笔财富。清晨骑着车，花去半小时的一路风景，驶入槐阴铺满的“官员人等，至此下马”的圣贤之道。

我每天都去，熟悉了的管理人员对我很热心。不管我提多少书（所有图书馆对读者的提书量都是有限制的），都依了我。

上午闭馆后，我到外面用好餐就回来。尽管她们也在阅览室旁边的办公室里休息，我也不会提早让她们为我开门。夏天的高温，知了在园中唱个不停。——这里是国子监，是当年太学生读书的地方。一切是那么庄严。这是历代读书人的梦想，哪怕只是进来看看，看看许衡（元代人）亲手植下的那棵槐树，以及因刘墉的外号得名的老树：罗锅槐。而辟雍，则是环绕往复、生生不息的我们中国读书人的精神。感于斯，遂作诗一首，曰：

环楼积水以为雍，辟地黄昏击鼓钟。
松节槐荫依旧在，何曾识得是游从。

这儿的天气没有外面的热，常常清风徐徐。有时中午，她们会嬉戏水中的小鸭，带来无穷的乐趣。她们，人真的很好。我手头一直拮据，特别这段时间的东来西去。

也正如今年我再去复印周升的《十六国宫词》、杨鼎昌的《贻清白斋汉魏宫词》时，钱没有带足，不如说是本来就这么一点。资料费共二百八十元，而我只有二百一十二元，我有点落寞，但我已经疲惫，在这一点上，或许说是麻木，难听点就是脸皮厚了。我说我实在是没有钱……后来我是剩下了两元钱，把资料带回了西北楼的床头。

图书馆今年从国子监搬了出去，新馆在十里河——我曾经逛潘家园的时候特意去看过，造的挺高大的，很现代派（听说被评上了九十年代十大建筑之一）。不过，没有了辟雍，没有了槐荫，没有了听彝堂，还会有如入泮宫的心情吗？我不知道会不会再去，当我离开这座城市的脚步响起之后。如果再去，又会是什么时候？不该是那个骑着自行车东张西望的我了。

我说过，首都图书馆的书不多，至少在宫词方面是这样。于是，当某个中午我看完了她所拥有的之后，炎热的天空下，我骑车回到了学校。走进宿室的瞬间，我发现了无所事事的理由——就是没有了宫词，在我即将离开的地方。慌忙下楼，蹬上车子，冲向白石桥的国家图书馆善本部。烈日无情地让我出汗，湿透了衣服。

我想在外借室提书。

递上了我的阅览证。工作人员看了看证件，无意中又看了看我；这一看可了不得，她又看了看证件。看看我——看看证件——看看我——递给她的同事——于是两人同时看着我。阅览证上的相片是几年前照的，当时人壮实，理个平头，倍儿精神。“我知道你们会以为这不是我，所以我还有一个证件。”我掏出学生证给她们，看了之后，相与一笑。回来便写了首诗，诗曰：

对镜悲须发，垂成骨立身。

虽言君不假，岂是我非真。

后来好几位朋友看了这首诗，都不知何意，至少在他们面前的我不是这样的呀。因为当时我留着长发，蓄着须，也很消癯。

当我看到清华大学藏有明刻《美人诗宫词》后，便又跑了过去。翻阅是幸福的，几百年前的纸张，有点发黄，但浓浓的书香味，谁能抗拒得了？中午休息的时候，走进了清华园，大概是那时的熙春园吧，莲叶何田田，真的是了。有人垂钓，知了叫着，读书其中，乐亦无穷。清华的藏书，曾经火灾，烧掉的太多。看了两天，于是不用再去了。

大学不去，只能跑国图了。

无意中发现了一本书——《历代宫词纪事》，丘良任著，1995 年暨南大学出版社出版。里面内容很多，收了五十三家宫词，比我当时多出了十几种，于是乎知道那么多存世的著作。此书的发行量不大，但为了自己查找的方便，联系正在深圳的同学，因为她一定有高中时的同学在暨南大学读书的。过了几天，她说书已经买到，托她的朋友。不过这时候她已经回北京了，书也就在开学初寄了来，真是感激万分。她是陈秋影。

九月，开学了。

我可以不出去，呆在自个儿的图书馆里，依着丘良任书中的介绍，钞得了一部钞本宫词，钱位坤撰的。这是一册非常特殊的诗集，崇祯、弘光宫词各五十首，所述事情都是亲身经历，史料价值很高。以至于后来我在毕业论文中对每一家的宫词作介绍时，这部宫词占的文字最多。那么作者钱位坤又是何许人也？查遍了所有人名大字典，都没有著录。我又疑心他是遗民，但是《明遗民录》上也没有他的名字。《明史》上他的名字出现两次，都是在卷二百七十五中。其一："十七年五月，福王立于南京，召拜（解学龙）兵部左侍郎。十月擢刑部尚书。时方治从贼之狱，仿唐制六等定罪。学龙议定，以十二月上之。……四等应戍拟赎者：礼部主事王孙蕙、翰林院检讨梁兆阳、大理寺正钱位坤……十五人也。"其二："北都兵变，谒福王于南京。……高杰兵扰扬州，民奔避江南，奸民乘机剽敚……苏州诸生檄讨其乡官从贼者，奸民和之。少詹事项煜及大理寺正钱位坤、通政司参议宋学显、礼部员外郎汤有庆之家皆被焚劫。"只一句"大理寺正钱位坤"，在明朝的官职就是"大理寺正"了，但是弘光元年的刻本作者自序下钤有一印曰"昔游旧京位备郎将"，那么这也是他的官职了。宫词又名《大鹤山人宫词纪事》，下署“东吴鹤樵钱位坤撰”，我疑心“大鹤山人”、“东吴鹤樵”是他的号。那么他的字呢？他的籍贯呢？等等。书前有万年少的序，我想从他的《隰西草堂文集》中找点意外惊喜，但我失望了，连那篇序也没有，遑论其他。又有朱隗诗序，自称小弟，幸亏在朱隗的《明诗平论二集》载有钱位坤的诗数首，七律下朱隗评曰：“与立诗……”这就是他的字了。集中作者称周戚婉（崇祯皇帝妃）为吾郡人，那么他就是长洲人了。明清进士登科录，崇祯四年下有他的名字，这也是补充的一点了。而其馀诸如身世经历，盖阙如也。这本宫词集子初刻在弘光元年冬，也就是顺治二年，据我所知，存世只有三本。民国时曾据清李然钞本影印，流传较广。李然钞本今在湖南，我曾托人去看过。

正是因为这本书，我才开始进入中国科学院图书馆的。那已是冬季冰天了。我骑着车，找到了四通桥旁的图书馆。这里看书是要收费的，普通古籍一块钱一本，善本书两块钱一本。其实这并不过分，如果我只看一本的话。但是他们的所谓一块两块，并不仅仅如此。举个例子：我要看赵士喆的《辽宫词》，我知道《涛音诗》里有，而《涛音诗》是一个集子，共有三册，而我又是不知道在哪一册中，于是要看一下目录，而目录是在第一册的，查了一下，在中间。中间又是哪儿呢？是在第二册末呢还是在第三册之首呢？于是先看第三册的卷首，未见，那么应该是在第二册中了。我取出第二册看起来。你知道她们是怎样收钱的吗？六块。我说我只看了一本，那就是两块呀。她们说："那两本你也翻过了。翻过了就是看过了。"

痛苦就产生了，因为我发现这个图书馆藏有几个我以前没看到过的宫词集子。只有硬着头皮来。为了省钱，我每次都看准了所要的东西抽取。她们烦我了，说我每次怎么都这样，从整函中选出——我说我没钱，如果每一本都翻一下的话，我没看的书也要付钱——其中一个突然背着我说："看不起就别来看。"心头一惊，不知是什么滋味，涌上我脑海的是一种读书人的尊严，或许我已经没什么尊严可讲，钞票换文字，也不过分。我本来是准备第二天再来钞一次的，虽然是冒着寒风——但我消失了这冬天骑车赴图书馆的美好故事，毅然用仅有的钱，虽然是六块钱每页的昂贵，我已经豁出去了。

看书的时间在每天的轻微花费中，慢慢地离我远去，再也找不回的感觉，已成了梦中昨日的记忆。当寒风吹袭的时候，叩其两端，又空空如也。我想起远在异国的赵晶晶老师，上半年她回国开设世界文化概论课，有幸结识。赵师是杭州人，蓦然地投缘。归国之后，时时以电子邮件互通音信。赵师问我如果遇到困难，就找她在北京的朋友崔桓联系。后来我真的去了，为了日后的鼓腹。我写信给老师，却一直没有回，不知道是什么原因。有一个晚上，忽然收到一个电话，是老师从美国打过来的，当时的我不知该说什么，语无伦次的是我的激动。老师说我的信她都收到了，但给我的回信却发不进来，所以特意拨电话告诉我，以免我误会。后来我去重建了一个信箱，老师把上次的几封信都移到了这里。感激不尽。

接下来我便开始阅读一些资料，有时也写一点准备工作。比如作者生平、籍贯、交游等，以及书的刊刻、版本流传情况。时间是过得很快，其间有时也去去国图，或者只是为了查找一篇文章。

我已经无法再出去，因为好多书都在外面的世界。

十二月的一天。

说是什么毕业论文发布会。会后，我上去问李正荣老师，我说本科生写毕业论文有没有经费，他说没有。我说，如果没有经费的话，我的论文是完成不了的。他问我是什么题目。我给他看了我的大纲，以及一些相关的内容，他只鼓励我说，自己好好努力。我是预先知道了会是这样的答案，也就不在乎什么奇迹的发生了。

当我默默的每天踯躅的时候，董玉亮走来告诉我说，李正荣老师让我与他联系一下。夜里我拨通了电话，他询问了一些问题，说明天在科技楼大厅跟我聊聊。我如约去了，他见了我很高兴，问我现在收集东西有没有困难，我只是说，好多资料在外面（很奇怪，我把北京当成了里面），没有钱去。“那我先支付一些，你去弄一点回来。”老师说。那怎么好意思。“没关系的，老师帮助学生嘛，应该的。”那……“我知道这不够，你先用着再说。”因为科技楼的大厅里有自动取款机，我接过他的钱，心里沉甸甸的。

没过两天，我就去了趟天津。我的老乡沈富根有一个初中同学在南开大学，我便联系了她。那是冬天的中午，我等待在她们的校门口。她来了，我觉得很漂亮，一种江南女孩的特有的纯情。她请我吃了饭，又到校园里逛了逛，听到一些掌故。下午去了校图书馆，接待我的管理人员非常好，很是热心。我找到了孔尚任的《续古宫词》，康熙时介安堂刻本。这本书一直以来研究者都以为是不见了，或根本没有刊刻，吴绮的《林蕙堂文集》有《孔东塘古宫词序》一文，但是在这本书上却没有此文。前面的序是李澄中做的，但是研究孔尚任的人，虽然找出了孔与李的交往时间，是在康熙二十四年，李序正作于是年，但是在李澄中的文集中并没有《拟古宫词序》这么一篇文章，于是乎谁都不知道。倪匡世在《诗最》中收录十二首，其馀的就再也没见过。我找到了全帙，钞录了一份，带回弆藏。

我在南开的宿舍里睡了一夜，在她们男同学的宿舍。第二天又去了天津图书馆，看了一下宋刻本的《棠湖诗稿》。那是星期五，天津图书馆的古籍部按例是关闭的，但我说特意从北京赶过来，他们也就特别的为我提供了方便。

中午，约了她，请她吃了饭，也表示不了什么，权当

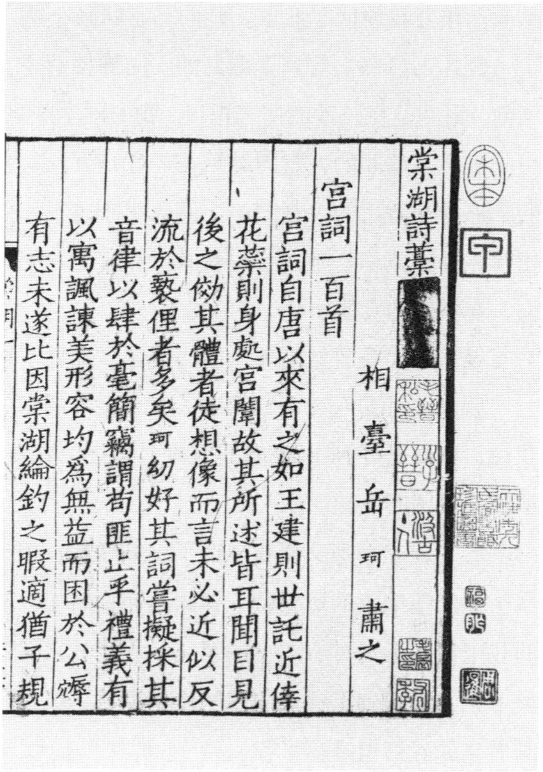
棠湖詩藁
相臺岳珂肅之
宮詞一百首
宮詞自唐以來有之如王建則世託近倖
花蘂則身處宮闈故其所述皆耳聞目見
後之傚其體者徒想像而言未必近似反
流於褻俚者多矣珂幼好其詞嘗擬採其
音律以肆於毫簡竊謂苟匪止乎禮義有
以寓諷諫美形容均爲無益而困於公嫓
有志未遂比因棠湖綸釣之暇適猶子規

宋刻本《棠湖诗稿》

感谢。接着我便回了北京。她的名字叫戴小燕。

我在书目书上看到李瀚昌的《南蝉楼清季宫词》藏于湖南，当然是在长沙的图书馆里，我的同学中只有岳阳的。想起黄岚是那儿的，就问她帮忙。我是九八年冬天认识她的，那是在雪后的大观园中。但几年来也只是偶尔邂逅的招呼，并不熟识。她一听说就满口答应了。我把信息送过去，在学四的食堂。

她来了，我忽然发现，她的笑容，灿烂了整个冬季。

后来正月初八（新年第一天上班日）的下午，她告诉我说，资料已经到手。（这是我在其他图书馆没有见过的，虽说是民国时的铅印本。）

后来，李老师又帮我申请了一笔经费，虽说不多，相当于他们基地班的资料费一样。然而这对于当时身无分文的我来说，无疑具有双重的意义。在我放寒假回家的前一天下午，我领到了钱。同屋的小谢说这不够，于是取出他刚借来的五百也挪给了我。

第二天清晨，寒风凛冽。

六点我起了床，叫醒了旭东（即小谢），因为他负责骑车驮我到积水潭。八点的火车很快就开了，一点钟到了济南。济南的公交车好便宜，只要六毛钱。从火车站到大明湖，走进了山东省图书馆。一看匾额，忽然发现是乡先贤沈雁冰先生题的，很亲切。

我是为了找一本名为《衡藩宫词》的书，但是很不幸运，未能查到。管理人员说帮我翻翻，因为我特意从北京赶来，就这份眷眷的诚心。他说，他也不愿意看到我白跑一趟。但终于没有，又有什么办法呢？只能恨书目误人了。出来后迅速去了山东博物馆，但是他们正在搬家，馆藏的书全都装进了箱子，看不到的。他们硬是让我留下要找的书，以及联系方式，说装修完了，通知我。如果我需要的话，他们可以帮着复印，或者拍摄。到时候再联系吧。于是我只能去南京了，匆忙地打的到火车站，途中经过趵突泉，大门口好像有雾气，大概是泉水的温润吧。终究不想进去，哪怕以后再也没有机会。我的南下的心，已经在金陵了。

火车是晚上九点半的，从东营始发，我的票是没有座位的。想起是年终，归家的人肯定会很多，而这一辆最破的车，是否能装载着我？等到了时间的来临，我发现这个比较荒乱的车站，顿时在烟雾袅绕中变得沸腾起来。

全是外出打工的兄弟。

我在人群中挣扎，我在车门口拥挤，我在车箱里张望，终于寻到了一个座位，使劲地坐下。前后左右，上上下下，无处不是包，无处不是人——全是外出打工的兄弟。读者可以想象我当时的环境，那不是虚拟的说给别人听的。凌晨七时，火车到了终点。

南京的冬天好冷。

胡乱的找家早餐店，喝下热汤，填饱肚子。买张地图，找到方位。问了公交车，游 2 路可直接到。不知道是在哪儿。下了车，到处问人。终于来到南京图书馆的门口，上下找古籍部，却是没有。难道时间还早，人们还没有上班？等到八时许，告诉我说：乘 91 路，在某某站下就是了。我才知道古籍部在其他地方，去后发现，原来是在清凉山脚。

管理人员的态度真是太好了。

所有的语言——

不如您亲自去一趟。

中午去吃饭，走了一会儿，且当游玩。在一家小餐厅入座，点了一个肉炒什么的菜，于是等待。她给我泡出一杯茶，我喝起来了。多爽。冬天，热乎乎的。又拿来筷子，碟子，餐巾纸——还有一个“小勺子”！她端出一小碟花生米，说：“这是送给你的。”谢谢。炒菜上来了，米饭也上来了。吃得正香，她又端上一大碗汤，放到我的面前，说：“这也是送给你的。”我在北京的饭馆从未碰到过，或许是因为去得不多。汤是小菜加肉丝，很鲜，我最喜欢了。但是小菜有点发黄，在它的叶子的边缘。我把它挑出了，放在碟子里。没想到以后的日子，小菜都是那么新鲜。我不知道那是什么街，只知道是河海大学后门对面的那个院子里，最里面的一家就是了。如果你去，别忘了。

下午五点闭馆，出来好累，眼睛疲劳得似乎看不见。天色已黑，连忙去找旅馆，但是附近大概什么都没有。走了很长的路，在夜色中哆嗦，踟蹰 ，背了个大包。我想起曾经与凌丽君说过，我到南京后找她的同学。于是电话北去，可惜联系不上，大约女孩子宿舍的号码总是很忙。忽然发现一家，不管三七二十一，看到了就是。一切整理完毕后，再出来联系一下。却因为几分钟的时间，花了我一个晚上的旅馆钞票（一间屋，三张床，三个陌生人同住，每晚三十七元）。

她告诉我说，她的同学叫陈熙娥，以及她的联系电话。我终于联系上了，她的声音如她的名字一样动听。第二天晚上，下起了小雨，她让我乘车到某某站。下站后告诉了她，她说马上来接我。

等待。

雨慢慢地大了。

二十分钟过去了，还没有人来。我矗立在寒风细雨中——忽然想起今天的日子，腊月十一。对于自己来说，一个特殊的夜晚，怎能如此享受！又拨电话过去，有人接了，是她的同学。她问清了我的方位，说她也来接我。大约过了三分钟，一个女孩打着油纸伞过来了，朝着我的眼睛，一副询问的样子。迎上去，她说我怎么会在这个地方。告诉我说，这个十字路口都有公交车站，而且都是这个名字，其馀三个她都去过了，还问了好多人，以为是我一样的。此时她的同学也来了，撑着伞。

来到她们的楼上（她在外面租的房子，因为要考研，虽然后来放弃了，现在苏州某银行工作，这是我回北京之后凌告诉我的），我说咱们去外面吃饭吧，她们说已经做好了。那么晚没有吃，就是为了等我。感激不尽。饭桌前，她的同学告诉我，今天她们特意去买了菜，做得是最丰盛的一次了。其实我今天特兴奋，我以为今年的生日会很凄惨，他乡异客，尽管每年都是如此。没想到在金陵的日子有了她们的热情。

她告诉我，她与凌关系特好，还有与她同一所学校的王钰平。后来她带我去他们的学校，就是我昨天早晨经过的地方——东南大学。乘车到浮桥下，她带我去见她的同学。因为他也住在外面，宿舍里什么东西都没有了，只剩褥子一张。所以陈离开住处的时候带了一条垫子，到学校后，又取来了她在宿舍的被子，以及热水瓶。本来冷冷的冬季，因为他们的接待，我的素昧平生的朋友，尽管我总是与凌拉老乡关系——因为我的浙北的语言与他们的常熟话有某种默契，她也就承认了这一点，何况我对常熟的文化颇感兴趣。

星期六星期天闭馆，于是闲逛。

下起雨来了，只想到夫子庙转转。31 路下车后，穿过几条小街，秦淮河出现在我面前。贡院的街，花不起门票的贵，于是往前走去。忽然发现了乌衣巷，是刘宾客笔下的模样吗？想不起来了，走进巷口，其实也没什么。从后门出来，斜对着是李香君的故居。里面真是小巧，但一切都已化作了云烟，只有那折扇上的桃花依然鲜艳。我曾经有感于秦淮的笙歌，那是南明的所有辉煌。南京的文化，也许就是秦淮的历史。至少在朱自清、俞平伯笔下还是桨声荡漾。我找不到了，也许是来得太晚。

归去的途中，经过桃叶渡，吴敬梓的纪念馆，孤零零的几株桃树，因为是冬天，并不美丽。

一个星期之后，我将去上海。最后的一个下午，阅览室里面有一个人问我：“你来了几天了？”“今天第五天。下午我也将回去了。”“在我们眼里，好像有五十天了。”

她们人真好。

主任又下来了，看看我。后来得知我要回去了，特意过来问我说：“你愿不愿意到我们图书馆来工作？”我很是感激她的垂询，但我？“我在家里被……？”因为我是定向的，一切的一切，都是因为这个。以至于我现在的落寞（我放弃了一切，在外打工）。

我要走了，我把东西全部收好。但是不能留下点什么，对于这么热情的朋友，总感难为情。于是，凑韵胡乱地补了几句空白：

仆过金陵，原本无赖。知君东南，故求苫盖。
腊月十一，雨下寻在。携至高楼，食我以菜。
铺垫设褥，浮桥之外。询前问后，殷殷相待。
今当远去，冀以来再。熙娥熙娥，吟咏千载。

我让屋里的兄弟帮着转交，出来的时候，与她通了话，告诉她我不能亲自前来的理由，何况我也不能浪费她的考研时光。

火车把我带到上海，又乘公交车南下浦东——我的朋友程新明在那儿。因为去年的十一月，我出游上海的时候，也是在他的住所。他屋里的兄弟都很熟。

我去的是上海图书馆，他们是不说普通话的，幸亏我都能听懂，不像有些北方人的难以理解。上海人比北京人更甚，有一种说不出的自豪感。走在哪里都会受白眼，但我已经习惯，正如我习惯于在其他的城市说我是从北京特地过来的，尽管我的普通话实在糟糕。但复印室的阿姨极其地好，为我省下了很多不必要的花费。她说我是学生，不容易，又问我哪儿人，知道后很高兴。常给我些小零食吃，虽然我极少吃零食，但不好拒绝。

这时，我的钱已经花光。而朋友也没多少，只取了几百。幸亏同寝室室友的朋友（陈继伟，英勇的高中同学，俗称胖子），在上海的哪儿，通过电话，联系上了，又去借了点。

星期六逛古玩街，硬拉着朋友同去。看到许多旧书，心里有一种得不到后的失落。偶尔发现民国时出版的《郁曼陀诗画集》，想起家中姓郁（名震宏）的兄弟，让他掏了钱。后来我送他的时候，他显得很是高兴。同时买的还有《士豪诗课》一册。

我是没有看完就回了家的。那是下午三点之后了，才等到一辆开往桐乡的车子，到嘉兴时已经天黑。而这辆车又不去桐乡了，于是我们就名正言顺的被“卖”了，“卖”给了一辆开往杭州的。也好，我就可以不用到桐乡再倒车了，况且冬天，回镇的车子也早没了。七点多的时候，在镇的路口下了车。

天已漆黑。

幸亏路口就是我同学徐霞丽的家——以前我从北京回家，也大都是在路口下的车，而每次也都是到她家借一辆自行车，骑到家里。她爸正要掩门，而我也正走近。回到家里已经八点多了，冬天的寒风吹得我无法逃避。

休息了一个寒假，又从上海走。把年前没看完的图书作了个了结。

于是，差不多收集“全”了——就我的所知。到北京之后开始写论文，有时也去一下国图。忽然发现周履靖的《梅颠遗稿》在北京大学图书馆，贸然就去了。

那时天还冷，我骑车去的。到了那儿，走到图书馆门口，我主动与门卫说：“我是北师大的学生，想来看书。证件在哪儿办?”

“现在还没开馆呢，你等一会儿吧。”

“那我能在里面等吗?”我看见过道上有许多椅子，是供学生休息的；也看见北大的学生进进出出。就这么问了。

“不能。”

“现在不一点五十了嘛。”（两点开馆）

“那也不能。”

我还能说什么。风很大，踟蹰在北大的校园，那是他们的天堂，师大不存在的。想走，但无法抗拒对历史的承诺，比这还差的待遇都经历了，为了也许是自己今生唯一的论文，无论如何。于是绕着这个伟大的图书馆转了一圈，慢慢地，慢慢地，接受这寒风的滋味。

有些事情现在想起来就觉得有意思，说真的，这也是财富。虽然说我为的是资料，但那是死的，真正的学问还是在生活中。这一切，都将激励着我，就像现在的我一样。当时也许受过委屈，有时真的是耻辱了。挺过来了，又有什么可怕的呢？而其间如果没有那么多师长朋友的关心与帮助，我的资料的收集以及论文的完成，都将是一个遥遥无期的结果。鱼与熊掌不可兼得，朋友们的真诚已让我感动，为的不再是一个人的世界。

少华兄欲编中文系九七级同学之文章，约稿于我，不敢辞。惜乎无怪诞滑稽之事可供娱乐，亦无深沉幽趣之情以为谈资。于是稍叙年来钞书之路，以为个人之一段生命记忆。同仁读之，以我为痴，则可矣。若以为夸大其辞，故做拳拳，其可谓知我者乎？辛巳润四月芒种日。

按，杨旭辉兄曾将此文转发至人人网，并作说明曰：“转发一个老友若干年前的日志，今天读来尤有感慨，而我也在这个故事中前后数次出现，只是此文中没有提起，因为此时我们仅仅在最后一次离别的时候互通了一下姓名而已。此后若干年中，互相在默默寻找而不得，终于得某一机缘，互相见面，今日又见，告诉若干年前他有此文，遂找来一读，感慨良多。”

当年与旭辉兄同在国子监看书，遇到数次，算是识面。后在南京图书馆门口等待开门之际，见旭辉兄也来，相视而笑，始互通姓名。2006 年至苏州大学文学院开会，楼梯口偶遇，当时第一反应，问道：“你怎么也在这儿?”他说：“我就在这里工作。”于是互留地址。五年后的 2011 年 8 月，又赴苏州大学参加古代文学博士点创点三十周年纪念会，在会上，我讲起与旭辉兄的这几次见面；后又告诉他说，有一文贴在往复论坛之书林清话，可惜当时没有将旭辉兄的身影写进文章。近数年来，与旭辉兄见过几面，偶尔也有书信、微信往还。另外，旭辉兄还在撰写着一部有意思的书稿，期待他早日完成，我也好早日付之枣梨。

乙未嘉平初九，个厂识于仰顾山房

宫词的产生及其流变

一

关于宫词的起源，前人大致有两种说法：一种以为宫词起源于唐朝，如洪伋《宋文安公宫词跋》中说“宫词古无有，至唐人始为之”，毛晋亦以为后世宫词创作“虽有数家，而（王）建为之祖”（《三家宫词》卷一），蒋之翘也认为宫词“始唐人为之”（《香艳丛书》三集卷四），这是就实际以“宫词”为名的诗体而言的；而朱彝尊反驳道：“不知《周南》十一篇，皆以写宫壶之情，即谓之宫词也奚而不可？然则《鸡鸣》，齐之宫词也；《柏舟》《绿衣》《燕燕》《日月》《终风》《泉水》《君子偕老》《载驱》《硕人》《竹竿》《河广》，邶、鄘、卫之宫词也；下而秦之《寿人》，汉之《安世》，隋之《地厚天高》，皆房中之乐。凡此，其宫词所自始乎？”（《十家宫词序》）其后，程嗣章、屈振镛等继之（程嗣章观点见《明宫词自序》，屈振镛观点见《启祯宫词合刻序》），而清人史梦兰则进一步指出，“三百篇以《关雎》《葛覃》为风始，《关雎》《葛覃》，宫词之权舆也”（《全史宫词·发凡》）。其实，三百篇本来不属于宫词，但由于宫帏是王化之基，所歌咏的即使是琐事，然国祚之兴替，已尽展其中了，所以史梦兰所谓的“《关雎》《葛覃》，宫词之权舆”，只是就其作用而言，这与王国维述宋元戏曲，谓起于古之优孟巫祝，（王国维《宋元戏曲史》第一章：“知《诗》之神为尸，则《楚辞》之灵保可知矣。……是则灵之为职，或偃蹇以象神，或婆娑以乐神，盖后世戏剧之萌芽，已有存焉者矣。”）其实是一样的，不过是推其源流罢了。

或问在宫词产生以前与之相近的诗体有什么，我们能想到的就只有“宫体诗”了，但这是两个不同的概念。梁简文帝曰：“予七岁有诗癖，长而不倦，然伤于轻艳，当时号曰宫体。”（《梁书》卷四）其《咏内人昼眠》诗曰：“北窗聊就枕，南檐日未斜。攀钩落绮障，插捩举琵琶。梦笑开娇靥，眠鬟压落花。簟纹生玉腕，香汗浸红纱。夫婿恒相伴，莫误是娼家。”《隋书》谓“简文、湘东，启其淫放；徐陵、庾信，分路扬镳。其意浅而繁，其文匿而彩，词尚轻险，情多哀思”（卷七十六），“浅而繁”则内容空洞，“匿而彩”则辞藻华丽，这是艳体诗，属于乐府。因为宫廷乐府诗付诸音乐的特性，是不可能作为赋的形式来记录宫廷内部的生活事情的，他只能以歌词的形式，传达于乐官的口中。隋炀帝醉心南朝艳曲，如《东宫春》诗曰："洛阳城边朝日晖，天渊池前春燕归。含露桃花开未飞，临风杨柳自依依。小苑花红洛水绿，清歌婉转忙繁促。长袖逶迤动珠玉，千秋万岁阳春曲。"多是以艳曲之声调来填新词，后世宫词之中虽也有类似的句子，但不至于像这般地摹拟。

《杨太真外传》记载："开元中，禁中重木芍药，即今牡丹也。得数本红紫浅红通白者……会花方繁开……遂命龟年持金花笺，宣赐翰林学士李白，立进《清平乐词》三篇。……上因调玉笛以依曲。"且李翰林别有《宫中行乐词》八首。周拱辰《宫词》自序说"古今为宫词者多矣，大概仿青莲之《行乐词》"（《圣雨斋诗集》卷五），李调元《南宋宫词》自序谓"宫词者，所以记宫中行乐之词也"（《童山诗集》卷五），就是源于此。

但后世也有以"宫体"名宫词的，如周履靖说自己"婆娑竹树之下，块然无所用心，日取古人陈编讽咏之，见诸家宫体华艳幽妍，种种动魄，即其用事用意，未能尽奥妙，而语久之，不觉口滑"（《唐宋元明千家宫词》卷十三），遂作宫词二百首；孟彬《十国宫词》自序亦谓"搜十国遗闻，用赋百篇宫体，匪敢补史之佚，窃附识小之私"云（《香艳丛书》二集卷二），也是将之看成宫体了；又钱位坤《宫词纪事》自序称，"梁简文好作纤靡之辞，号

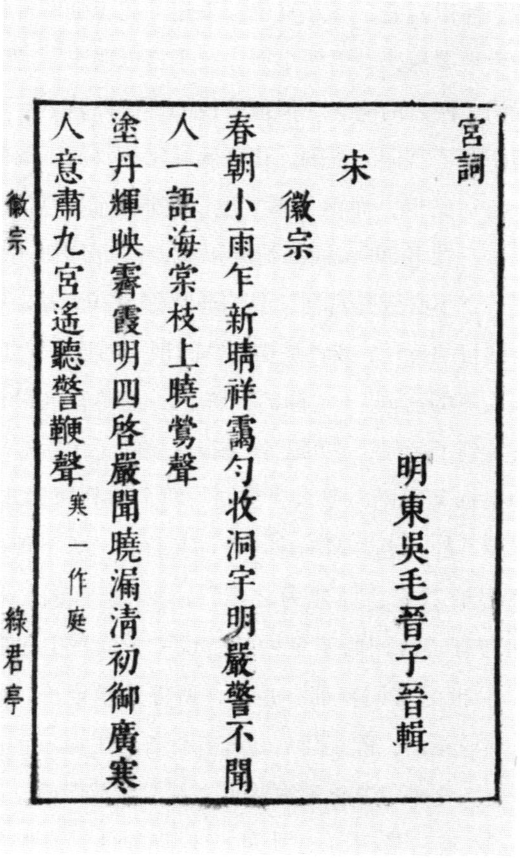
宮詞　明東吳毛晉子晉輯

宋

徽宗

春朝小雨乍新晴祥靄勻收洞宇明嚴警不聞人一語海棠枝上曉鶯聲

塗丹輝映霽霞明四啓嚴閨曉漏清初御廣寒人意肅九宮遙聽警鞭聲寒一作庭

徽宗　綠君亭

毛晋绿君亭刻本《二家宫词》

为宫体。体以宫名，不必宫也。王建、花蕊则专言禁掖之事，盖皆遘婴板荡，感深小宛，托于宫以明志”，实际上，钱氏混淆了两者的概念，但他所说的“体以宫名，不必宫也”则拓宽了宫词的范围。蒋之翘说宫词“原本离骚美人之思，自写其情，而不及事。虽曰宫词，亦曰宫怨”（香艳丛书》三集卷四），浦江清亦以为，“凡宫中所唱词曲，题材不一，不必皆是宫词，我们通常称为宫词者，单指宫怨一类题目的诗词，或者是描写宫闱琐事的连章，如王建、花蕊夫人等的宫词”（《词的讲解》），这是宫词最初的形式，可是到了后代，它的变化是很明显的（详后）。

如果据名而论，那么“宫词”两个字到唐代才出现，以前是没有的，毛晋谓王建《宫词》百首“天下传播，仿此体者虽有数家，而建为之祖”（《三家宫词》卷一），管世铭亦有“宫词始于王仲初”说（《读雪山房唐诗序例》），后世为宫词者都有是言，所以这是定论。而《全唐诗》所收录的，除王建、花蕊各百首，王涯三十首（实存二十七）之外，其馀寥寥诸人，一二数首而已，如顾况《宫词》六首，其四曰：“九重天乐降神仙，步舞分行踏锦筵。嘈囋一声钟鼓歇，万人楼下拾金钱。”又谓张祜以宫词得名，可惜其现存的诗集中题为《宫词》的也只有三首，其中五绝二首，一曰“故国三千里”云云，且所作之词，多为宫怨。后人以王昌龄《西宫春怨》《秋怨》《长信秋词》为唐人宫词之先导，争相辑收，大概也是由于这个原因。王叔承《宫词》自序所谓“词家不以多寡为盛衰，则王少伯古宫词不数首而秾雅俊逸，真遗响千春”（《列朝诗集》丁集卷九），此之谓也。

但有一点必须明确，我们所谓的“宫词”，在体裁上一般是指七言绝句的连章，正如浦江清所说的；虽然唐朝就已经有其它诸如五言绝、五言律、七言律等形式的宫词，宋代还有词体宫词，且后世也有人及之，但那毕竟只是零星少数。

其名或者又作“宫中词”，如王建《宫词》百首，《全唐诗》就题作《宫中词》。宋白《宫词》自序也说“宫中词，名家集中有之”（《十家宫词》卷四），元人张光弼的诗也题作《宫中词》，自序有“宫中词唯陕西司马王建一百首为得体”云云（《张光弼诗集》卷三）。秦兰徵《天启宫词》，国家图书馆藏有两个钞本，都题作“天启宫中词”，而其馀刻本则皆署“天启宫词”。

那么有“宫词”二字者就是宫词了吗？也并非如此。如元稹的《连昌宫词》，实乃连昌宫之词，而不是连昌之“宫词”，而且也比较长，属歌行一体，馀如田锡的《华清宫词》、饶智元的《永寿宫词》、吴伟业的《永和宫词》等，与之相同。而以年号、朝代为名的“宫词”，就属于宫词之列了，如王世贞的《弘治正德西城宫词》、刘芑川的《开天宫词》、李必恒的《前明宫词》、吴士鉴的《清宫词》等；又有以历史时期为题的，如吴省兰的《五代宫词》《十国宫词》、吴养源的《东周宫词》、冯登瀛的《历代宫词》等。而元人杨允孚的《滦京杂咏》，虽然《四库全书总目提要》谓其效王建之体，叙銮舆避暑诸事（卷一百六十八），但是题目既不署宫词，所以也就不能属于宫词之列了。否则，宫词岂有尽乎？但同时也要注意，有的虽然题作宫词，而内容实际与杂事诗、咏史诗没有什么区别（详后）。

二

前面讲到《杨太真外传》记录的“宣赐翰林学士李白，立进《清平乐词》三篇。……上因调玉笛以依曲。每曲遍将换，则迟其声以媚之”，据《旧唐书》载：“平调、清调、瑟调，皆周房中曲之遗声也，汉世谓之三调。”《清平乐》其中一章曰：“名花倾国两相欢，长得君王带笑看。解释春风无限恨，沉香亭北倚阑干。”名花指牡丹，倾国指贵妃，从内容来说，这便是宫词了。况且李白别有《宫中行乐词》八首，《本事诗》记：“玄宗尝因宫中行乐，谓高力士曰：‘对此良辰美景，岂可独以声伎为娱？倘时得逸才词人咏出之，可以夸耀于后。’遂命召李白。”从这两个故事中我们不难看出，《清平乐》是为行乐而作的歌词，《宫中行乐词》则是对宫中行乐的记录。

需要强调一下，《清平乐》不是宫词，虽然宋白有“春营小殿号披香，宣借天孙作学堂。李白宫词多好句，侧书红壁两三行”一诗（《十家宫词》卷四），但这只是说，它可以被认做是宫词的先导。明代词曲家王骥德说“唐之绝句，唐之曲也”（《曲律》卷三），清代沈德潜也认为“绝句，唐乐府也。篇止四语，而倚声为歌”（《说诗晬语》卷上），唐绝句是可以用来歌唱的，历代记录也比较多，那么王建的百首宫词，“天下皆咏于口”（《唐诗纪事》卷四十四），大概也是传唱开去的。《唐才子传》载“建与张籍契厚，唱答犹多。工为乐府歌行，格幽思远。二公之体，同变时流”，以是知之。宫词等同于歌词，如《楼村诗注》记“（前蜀）后主《宫词》曰：‘辉辉赤赤浮五云，宣华池上月华新。月华如水浸宫殿，有酒不醉真痴人。’尝宴近臣于宣花苑，命宫人李玉箫歌此词，侑嘉王宗寿酒，音节抑扬，一座倾倒”（《五代诗话》卷一），又王叔承说自己创作宫词时，“客游长安，念禁庭事，非山谣所宜，则联掇故宫流泽，残芳竟点，染落成此卷，命吴姬倚酒歌之”（《列朝诗集》丁集卷九），于是知后代宫词也有以歌词的形式用来传唱的。

唐人喜作宫怨诗，所以宫词与宫怨其实并不能完全分别或对立，如长孙翱《宫词》“一道甘泉接御沟，上皇行处不曾秋。谁言水是无情物，也到宫前咽不流”，失宠宫嫔的哀怨了然于纸上。我们说王建是宫词之祖，那么他的百首诗又怎样呢？钟惺说“王建宫词，非宫怨也”（《唐诗归》卷二十七），贺贻孙则以为“怨之深者必浑，无论宫词宫怨，俱以深浑为妙，且宫词亦何妨带怨”云（《诗筏》），欧阳修则以为王建宫词“多言唐宫禁事，皆史传小说所不载者，往往见于其诗”（《六一诗话》），作为诗人的王建，虽然是就事直书，但诗中所蕴涵的讽刺意味还是很深的，他写给王枢密的诗“不是当家频向说，九重争遣外人知”也正好体现了这层意思。唐人写宫廷诗很流行，但多注意在怨，蒋之翘则谓“至王秘监仲初，则以上家起居充依密记，如汉秘辛璅璅瑟瑟者，悉著之，只言事而不言情，命曰宫词。后人递相祖述宠之，谓可补二史诸小说之阙。繇是宫词与宫怨有间矣”（《香艳丛书》三集卷四），周密《浩然斋雅谈》卷中记载“张枢践駿朱华，为宣词令、阁门簿书，详知朝仪典故。其姑缙云夫人，承恩穆陵，因得出入九禁，备见一时宫中燕幸之事。尝赋宫词七十首，尽载当时盛际，非其它想象而为者”，从中我们可以看到，宫词的创作，不能凭空想象，这也正是宫词与宫怨有着明显区别之所在。此是一种——外臣写内事。

花蕊夫人生活在宫中，写下宫词百首，从这些宫词中我们不难看出五代前蜀的宫廷生活，这不仅仅是朝代的生活画面，因为浮靡奢华下的社会，他的统治一定不会长远——王衍在位只有七年；宋徽宗有《宣和御制宫词》三卷，杨升庵读之，以为如“游大内”（《美人诗宫词》卷四）；南宋杨太后也有宫词五十首传世，其实张昱早已经指出，“大抵宫中词论富有天下，贵为天子，不可以文章工拙称。必非想象，必亲见，皆非闾巷之士可拟而赋者”（《张光弼诗集》卷三）；明宁献王朱权也认为，“山人不能扬舲，海人不能骤驥，所处之地非也。大概宫词之作，出于帝王宫女之口吻，务在亲睹其事，则叙事得其真矣”（《宫词小纂》卷一）。此是一种——宫中人写宫中事。

“外臣写内事”与“宫中人写宫中事”，正如岳珂《棠湖诗稿》（即宫词集）自序所说的“王建，则世托近幸；花蕊，则身处宫闱。故其所述，皆耳闻目见”，是乃宫词之正体。

和凝有《宫词》曰：“九重天上实难知，空遣微臣役梦思。葵藿一心期捧日，强收狂斐拟宫词。”（按，据史书所载，和凝在后唐知贡举，后唐灭亡后，到后晋就官拜丞相；后晋灭亡后，到后汉又封鲁国公，这难道也是葵藿之心欤？）宋白所说的“宫中词……皆所以夸帝室之辉华，叙王游之壮观；抉彤庭金屋之思，道龙舟凤辇之嬉。然而万乘天高，九重渊邃，禁卫严肃，乘舆至尊，亦非臣子所能知、所宜言也。至于观往迹以缘情，采新声而结意，鼓舞升平之化，揄扬嘉瑞之征。……言今则思继颂声，述古则庶几风讽也”（《十家宫词》卷四）与之相同，然而述古中的“风讽”，一般也很少，即使有亦较为隐晦；又，宋王珪执政至宰相，共十六年，平生未尝迁谪，朝廷大典策大多出自他的手笔，他的百首宫词，没有放逐感愤之意，所以他的诗多富贵气。其他如周彦质、王仲修、张公庠等几家的《宫词》大致也是如此。北宋是一个文化特别繁盛的时期，文人的失意虽然不能避免，但文化的开放，风讽不是这个时代的特征。此是一种——鼓舞升平景象，歌颂皇恩浩荡。

胡伟《宫词》，集唐宋人诗句而成，共二百多首，今存百首。前半也是称颂帝王天家之辉煌，如“清晓丁东集佩环（吴可），数行鸳鹭各趋班（和凝）。太平天子朝迎日（王建），日绕龙鳞识圣颜（杜甫）”（《十家宫词》卷十），后半则是抒发宫女之幽怨，从而也反映出作者的不遇之情，如“翠翘红粉尚争春（郭功甫），无奈宫中妬杀人（李白）。摧辇不来金殿闭（雍陶），君恩和泪落埃尘（李泰伯）”。后来沈行、李天馥、陈长源、余兆芳、胡勉等仿此，都有宫词集句组诗（沈行有《宫词集句》百首，见周履靖辑《唐宋元明千家宫词》卷十七，明末刻本。李天馥有《古宫词集唐》百首，清康熙年间刻本。陈长源有《晋安陈长源先生集唐》二卷，卷一为《宫词组韵》六十首，清同治三年刻本。余兆芳有《集唐人诗句宫词》一卷，明万历二十一年鹅湖华宗泽刊；按，是书杜信孚《明代版刻综录》著录，未见。胡勉有《宫词集句》，道光十九年胡培翚辑刊本，又同治二年肇智重刊；按，是书《安徽艺文志》别集著录，未见）。从整体上来说，这种诗里面带有明显的哀怨，也就是借他人之笔墨，以浇作者心中之块垒而已。此是一种——集句，并开后世集句之风（不只是宫词）。

岳珂《棠湖诗稿》自序谓“比因棠湖纶约之暇，适犹子规从军自汴归，诵言宫殿钟簴，俨然犹在。慨想东都盛际，文物典章之伟观，圣君贤臣之懿范，了然在目。辄用其体，成一百首，以示黍离宗周之未忘”，明末钱位坤所撰的《宫词纪事》，自序有“十七年之沐浴深仁，与三百日之扇扬无度，视听难回，罪知惟命。过幽兰而泣鼎，自然流涕；登芒山以赋诗，何妨绝倒。痛悼先皇，诃诋权幸。倘亦言之者无罪，而闻之者足以戒”云云，屈大均谓王誉昌的《崇祯宫词》“乐而止于不淫，所以述烈皇帝之德也；哀而至于不伤，所以述烈皇帝之遇也，寓黍离之旨于关雎之化之中矣”，对先皇的称颂，以及对权幸的痛斥，表现在了每一首的诗中；民国时前清官员更是以遗老遗少自居，所作宫词，更是充满了失落的情绪，如黄荣康的《清宫词本事》、李瀚昌的《清季宫词》、夏仁虎的《清宫词》等，都流露出了对前朝的怀念。此是一种——改朝换代后的故国情结。

元人杨维桢以为，“宫辞，诗家之大香奁也，不许村学究语。为本朝宫辞者多矣，或拘于用典故，又或拘于用国语，皆损诗体”（《铁崖古乐府·逸编》卷八），当然，用典则艰涩，用国语则流俗，作为一种诗体的话，宫词是处于两者之间的。且元人喜好和诗，杨维桢谓“天历间，余同年萨天锡善为宫辞，且索余和什。通和二十章，今存十二章”云，可惜萨天锡的二十首《宫词》今已不传。迺贤易之《金台集》有《宫词八首次偰公远正字韵》，顾瑛、柯九思、张昱集中也都各有和诗，多寡不一。而历史上宫词和作最多的要数周履靖了（另据《乌程县志》载，王济有《和花蕊夫人宫词》一卷，《夷白斋诗话》《唐宋元明千家宫词》《坚瓠集》皆仅录三首，馀恐已佚），据他自己编辑的《唐宋元明千家宫词》，其中他的和诗共有三百十五首，可谓空前，但这些离宫词的原意已经很远了。此是一种——和诗。

明蜀成王朱让栩有《拟古宫词》百首，所写的内容与朱权的《宫词》相似。作为藩王的他们，写出这样的诗体毕竟显得小气，当然他们是不会寄托某种失意情绪在里面的。明初的文风有点萎靡，以至于整个朝代的诗风不振。朱有燉的《拟唐宫词》、黄省曾的《拟古宫词》《拟洪武宫词》等，也都是如此，没有音韵的美可以传唱，也没有哀伤的情可以反复，更没有隐约的事可以勾勒。此是一种——拟古而无自寓之情。

倪伯鳌有《十洲宫辞》三卷，自叙谓历代宫词“皆写已之不遇，而忠君爱国，用是以见拳拳。予也结发场屋，始自丙午，迄今十三载，每不合于时好，然忠君爱国，自分未敢忘也。因取王建诸诗及唐禁中事，撰为百篇。虽迹疏前轨，邈焉寡俦，而夕秀既披，朝华如在，使他日凤阁鸾衢，得有所攀附，以无谬于夙心，斯又君子所不弃者”，作者的目的很明显，无非是“忠君爱国”。上面讲到的朱让栩，也发现了这个情况，他曾经编纂过《古今宫词汇集》一书，可惜没有流传下来，幸亏他还作了一篇

《序》，有“洎唐而宋，或工词，或谭理，至我国朝，渐及盛焉。上下数百……臣道不可不讲也……模写宫闱，寓言臣不忘君之念”云云（《长春兢辰稿》），可见当时风尚，而这种题材一直也很流行。李澄中谓孔尚任少负才，不得志，所撰《拟古宫词》百首，“不过怅西宫之秋月，叹长信之寒鸦，如昌龄比物连类之所为，其于掖庭之事，概乎未之及焉，不待御衣龙马之篇而世已晓然于其旨矣。独是东塘以才藻受知圣主，立拜国子博士，薄命之叹，吾知免夫。虽然，其尚虑入宫见妒也哉”（《续古宫词序》），也正如孔尚任宫词中写的：“脂浓粉淡列宫门，一色新妆厌至尊。故作长鬟如野妇，传来嬉笑亦君恩。”把自己不得志之感情，丝毫无遗地写进了所谓的宫词中，我们能从中读出怎样的宫闺之事呢？大概是没有的，因为作者的本意不在记录。其它如乔承华的《宫词》百首、徐宗道的《宫词》百首、冯如京的《宫词》六十首等，也只是发发牢骚而已，正张谦宜“绝句之有宫体，大约皆文人忧忿”之谓也（《絸斋诗谈》卷二）。此是一种——拟古以自托。

蒋之翘说自己“欲颦效仲初”，但觉得王仲初“所咏事皆行乐”，所以他的《宫词》“幽凄哀惋，缠绵悱恻，大抵多怨音”（《香艳丛书》三集卷四），而其中有大半是写客氏与魏忠贤的，有讽刺意味。同一年年底秦兰徵也撰《天启宫词》百首，序中称自己“居诸既暇，沉湮是惧，用是采辑旧闻，谱诸声律，草率芜陋，萃为百首。非特风云月露，愿踵仲初之后尘；抑谓诽谤传言，欲备董狐之择采”，黄文焕跋之，谓“文微间该，刺弥旨严，有风人之遗，得春秋之意，自是炯鉴千古，即谓之诗史亦可”，且诗下有详细的自注，多数是批判的口气。明末写宫词的有好几家，大都以一种痛恨、惋惜的笔墨描述这段伤心的历史。从范围来讲，有的又超出了“宫词”的界限，如：“思善门前日未斜，宫娥竟摘杜鹃花。谁怜望帝魂无主，男子但乘黄犊车。”（钱位坤《宫词纪事》）自注曰：“有妄男子直入思善门，自言先帝后，天神命我为帝，寻下金吾，杖杀之。”但就是从这些作品中，我们看到了那个时代的精神，如果没有被弯曲，历史，这是最好的见证。此是一种——事有所本，言皆有征，所谓“宫词虽细，亦史事之支流也，可以存一代之典章，纪一时之风尚，明一朝之得失，见一事之是非”者是也（夏仁虎《清宫词·序例》）。

李天馥《古宫词集唐》自序有“愁地茫茫，情天漠漠，泪珠事业，梦蝶生涯，此固在昔同伤、于今共悼者也”云，邓之诚以为：“同时人多以宫词之咏，盖无为董鄂妃作。天馥特别白之，曰：‘古以集唐为之，终不能掩其寄托。’”（《古宫词集唐跋》）又说：“词中‘日高谁足犹慵起，薄命曾嫌富贵家’，明言董鄂先入庄邸。又云‘桃花满地春牢落，万片香魂不可招’，明言悼亡。”（《清诗纪事初编》卷五“李天馥”条）所谓“顺康之际，诗人喜作宫词，皆有所指，非漫然拟古”是也，如徐釚诗“玉辇平移下九霄，君王新幸董妖娆。东风自闭葳蕤锁，不用黄金贮阿娇”（《清诗纪事初编》卷三“徐釚”条）。清末文廷式的《拟古宫词》六十六首，用意与之同。此是一种——以拟古诗体来反映时事，但较为隐晦。

邓之诚虽然说“顺康之际，诗人喜作宫词”，但现在能看到的也非常有限，如果题作《宫词》，即使是拟古，也会引起统治者的注意，毕竟有一个“宫”在里面。康熙年间有一刻本，名为《两朝宫词》，即秦兰徵《天启宫词》和王誉昌《崇祯宫词》的合刻本，扉页题“进呈御览”字样，《崇祯宫词》后附王誉昌《自题宫词卷后》诗一首，诗前小序有“近闻内府备有是编获呈御览，深蒙嘉赏”语，但是到了乾隆年间，这《两朝宫词》中的《天启宫词》却成了禁书。所以清人写当代宫词的诗人几乎不存在，董文骥有《宫词》八首，写的内容虽然较为直接，但属于颂声，如：“黄老闲翻半卷馀，亲来御案检文书。韩彭壮士如归命，三宥还应托后车。”（《微泉阁诗集》卷十三）清初文人比较激进，充满着分发意气，然而文字狱的到来，完全击碎了知识分子的自由思想，所以躲到故纸堆的选择成了文人唯一的出路。这使得宫词的范围空前的扩张，从东周、秦、汉、三国、两晋、十六国、南北朝、隋、唐、五代、十国、宋、辽、金、元，一直到明朝的都有，乃至于像《全史宫词》这样的辉煌巨著也出现了。但是此间的作品，正如张海鹏《宫词小纂》序中所云“泽畔骚人，江头野老。青衫善湿，听谈天宝之年；红豆能歌，惯记黄初之事。鬓丝蝉榻，且叹且言；茧纸乌栏，或歌或泣。是乃宫词之变格，实为野史之支流。……或题标洪武，撷金粉于南都；或事采汉唐，拾胭脂于北地”，缀史氏之笔墨，杂稗家之传言，连事成诗，诗遂为史，而其实质可以说是咏史之附庸、乐府之别子。正如吴大丙叙蒋如洵之宫词有谓“蒋子眉生咏史诗成，以《十六国宫词》名之”（《宫词荟录》卷一），又如其他几家作者说自己的宫词就是“仿南宋纪事诗”体的（如饶智元《明史宫词》、杨芃棫《清宫词》等），而这时候宫词所涉及的范围，是越来越宽广了。根据几种列有参考书目的《宫词》进行统计，有的作者引用图书最多达六百馀种。此是一种——根据史书、野史、笔记而成，带有考据性质，相当于咏史诗。

光绪年间，出现了像胡延的《长安宫词》、颜缉祜的《汴京宫词》，从空间位置而言，叙述的是光绪与慈禧逃亡西安（《长安宫词》）及返回京城路过开封（《汴京宫词》）时所发生的事，因为作者感知遇之恩，所以都是赞颂圣恩之声，如胡氏的“前旌不用载飞鸾，雨里何妨降玉泉。此是唐虞巡狩地，明堂高对华峰颠”等诗，这与张昱的《宫中词》又有不同，一者为避暑，一者为逃亡，但所记录的行路过程以及个中发生的零零琐琐，可以说都是具有很高的资料价值。此是一种——耳闻目睹，亲身经历，然而存在着“纪恩遇偏多”的不足（宋育仁《宫词二种跋》）。

民国时期出现了几种《宫词》，一部分是以遗老的心态写的，而另一部分则带有了革命之后的新思想，如佚名的《庚子宫词》，其自序有“吾国自海通以还，积弱渐襮，外侮叠起。迨夫同光之际，金轮专国，黄巾之流，谬举义军。媟渎宫闱，终至寇乱，客兵擐甲，升于庙堂。……迄于改元，将以周召之共和，谋民物之康济。讵知君子道消，群雄争长，城狐社鼠，相与凭陵，浩劫于今，未能遽已。独居深念，窃复忧之”，杨芃棫则谓“故宫非一代之故宫，奚悲禾黍；胜地犹昔年之胜地，未改河山”（《陋庵小草》），其间悲哀的色彩依然存在，但是整体上来说，已经不是“长嚎短叹”的心情了。然而面对民国初年所出现的“群雄争长”局面，同时也渗透到了这些“宫词”中，即使还带有陈腐的“辫子”腔调，但毕竟是接受了一些维新的观念、革命的气息。此是一种——渗入了新的时代思想。

“宫词”这一诗体从唐代出现，到二十世纪四十年代渐至消失，经历了一千多年而盛衰不绝。其中所演绎的形式、内容、功能等的变迁，又多多少少反映了每一个时期的文学特征。如今“宫”是没有了，“宫廷生活”也早已不复存在，文人们有怨恨也不可能以“词”的形式来寄托了。—因为观念在改变一个民族的思想时，同时也改变了这个时代的艺术题材、文学精神。

原载《文学遗产》2009年第3期

孔尚任《续古宫词》考证

孔尚任（1648—1718），字聘之，一字季重，号东塘，曲阜人。著有《桃花扇》传奇，影响深远。而其《续古宫词》百首，传世几稀。

吴绮《孔东塘古宫词序》谓“东塘先生，尼山宝崿，泗水璇流，本圣绪以维贤，用今人而学古。道综六籍，遍传诗教之精微；义总百家，更访乐章之善美。偶成宫体，遂得百篇；久擅词坛，咸夸七子”（《林蕙堂文集》卷三），研究者以之为据，谓孔氏有《宫词》百首，然不知存与不存、刻与未刻。邓之诚《清诗纪事初编》但存目耳；汪蔚林辑《孔尚任诗》（科学出版社 1958 年）亦未及之，待修订成《孔尚任诗文集》（中华书局 1962 年）时始于倪匡世所编《诗最》得题“续古宫词”者十二首，馀皆不见；及至徐振贵主编《孔尚任全集辑校注评》（齐鲁书社 2004 年），亦仅依《诗最》录存，未能辑得足本，是为可惜。

盖此《宫词》百首，《中国古籍善本书目》（集部，页1056）与《山东文献书目》（集部，页461）俱有著录，书存南开大学图书馆。余曾亲往，获睹此百首宫词，旧刻原本，品相完整。半页八行，行二十字。署"雩门孔尚任季重氏著，弟尚铣季昭氏、尚基建之氏阅"。钤有"南陵徐乃昌校勘经籍记"、"积学斋徐乃昌藏书"印，知为南陵徐氏故物。余抄得一份，携归弆藏。此书版心处有"介安堂"三字，传本《湖海集》版心处有"介安堂第五刻"六字，是知前时已有四刻，宫词其一也。孔氏《与颜修来》书札之上角钤"介安堂"印，倪匡世谓孔氏著有《介安堂集》，是知"介安堂"乃孔氏之室名。

按：康熙十七年秋，孔尚任游济南，乡试未中；二十年纳一国子监生，自云"不足为外人道"者（《与颜修来》），亦其不得志之谓也。十八年入石门山读书。二十一年冬孔氏《与颜修来》书曰：

> 潭府拜别后，闭关兀坐，奄至岁暮。……《律吕管见》一书呈教。拙刻数种，已另人寄去。绝句百首，丐叙久矣，何吝之甚也。

所谓"绝句百首"者，当为《续古宫词》无疑。由此可推测宫词之作当在康熙十八年至二十一年之间，与李澄中序中所言"斯盖其未遇奔走峼华道上时"适相符。至二十三

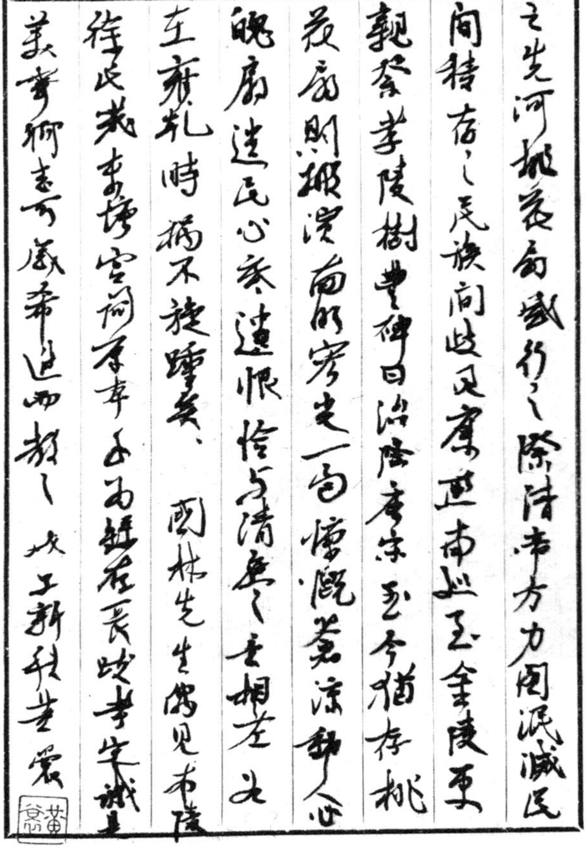

黄裳跋孔尚任《续古宫词》

年始授国子监博士，并于次年正月进京。其年之冬，过访翰林院检讨李澄中，李为作序。既得斯序，则为刊刻，即所谓介安堂刻本是也。比二十五年八月，奉命随工部侍郎孙在丰出使淮南，疏浚黄河海口，遂携以同往。至扬州，始交吴绮。吴亦序之，然诗已刻成，故吴序不载集中。

李序曰：

古之人不得志于君臣，往往托义于夫妇。……孔先生东塘，少负才，不得志，《拟古宫词》百首，大抵激抗牢愁之感，寒士失职，羁旅无聊之悲，而托之乎闺怨者也，斯盖其未遇奔走峼华道上时也。昔王建词连禁掖，或谓非孔光不言温室树之义，建乃为诗以覆之。今东塘不过怅西宫之秋月，叹长信之寒鸦，如昌龄比物连类之所为，其于掖庭之事，概乎未之及焉，不待御衣龙马之篇而世已晓然于其旨矣。独是东塘以才藻受知圣主，立拜国子博士，薄命之叹，吾知免夫。虽然，其尚虑入宫见妒也哉。

末署“康熙二十四年冬杪琅邪李澄中题于长安之听松轩”。前此研究者证得孔、李之交往时间乃康熙二十四年冬，惜李氏集中并无此序，是以无人引征。

诗曰：

新恩旧幸几番番，一任离宫懒更言。不睹太平天子貌，菱花鼻上识开元。

离宫罘罳与云齐，碧树金塘阁面西。莫向骊山巅上望，羊肠蜀路草萋萋。

借开天之遗事，浇心中之郁垒，是知东塘作宫词之旨，非述古而已矣。一如吴序所云：

以忠臣孝子之心，托于梦峡啼湘；抒贞姬旷女之思，传其憔脂瘦粉。玉钗罗扇，皆缘忠厚之心；鸾寝羊车，各极缠绵之致。比诸供奉花前，益有新声；较以龙标月下，如闻长叹。此则命词之旨，早据上流启秀之先，无惭大雅者矣。

所谓旨意，莫非“学抹胭脂略出奇，君王又爱淡蛾眉。红颜虽好投时晚，老向宫门却怨谁”之谓欤？是即李澄中所谓“入宫见妒”者哉！

原载《文学遗产》2007 年第 6 期

黄文焕生卒小考

黄文焕，字惟章，号坤五，又号觚庵、慦斋，福建永福县（今永泰县）人。天启五年（1625）进士。官至翰林院编修、左春坊左中允，曾与黄道周、叶廷秀登台讲学。又因黄道周案牵连，下刑部狱；“既释狱，乞身归里，后寓居金陵，卜筑钟山之畔，终其馀年，寿六十九”（黄惠《麟峰黄氏家谱》卷九）。《家谱》未言其生卒年。近来有研究黄文焕之论文，然于其生卒年多不能详，或仅据《永泰县志》（福建省永泰县地方志编纂委编，新华出版社1992年版），定为“1598—1667”。

余近读吴之振、吕留良诗集，得黄文焕资料两条：

一、吴之振有《奉答黄坤五太史集饮寻畅楼六首次韵》诗（《黄叶村庄诗集》卷一），诗作于康熙二年（1663）秋。寻畅楼，吕留良书斋。吴诗有“巾车岸帻数相过”句，是知黄文焕频来语溪与吕留良饮，且常赋诗尽兴。此时黄文焕已病甚，吕留良劝其还金陵旧居，黄文焕曰："吾何归哉！在彼犹在此也。"

二、吕留良有《哭黄坤五》诗二首（《何求老人残稿》卷二），诗作于康熙三年正月，其二曰："白木棺三寸，先朝侍从臣。传经留狱久，进讲展书频。讣报新年齿，铭题旧出身。灵车关税重，愁绝向通津。"吕氏于"讣报新年齿"句下注："今年政七十才四日耳。"

据此，则黄文焕卒年为康熙三年正月初四日，亦即公元 1664 年 1 月 31 日，得年七十；上推其生年，当为万历二十三年（如生于正月初一至十二月初一之间，可定为公元 1595 年；如生于十二月初二至除夕之间，则当定为公元 1596 年 1 月）。

原载《文学遗产》2009 年第 1 期

疑之信之，不如考而证之

——顾颉刚致胡适五千字长信写作时间辨

顾颉刚1928年8月20日《日记》：“写适之先生信，约五千字，直陈两年中痛苦。”（图一）顾先生为什么要写这封信呢？《日记》说是因为“适之先生前日有信来，疑我因骄傲致树敌，故作书报之。耿耿此心，每不为师友所解，强予办事，失其故我，奈何！”信中所陈“两年中痛苦”，指从1926年夏离开北京大学到厦门大学说起，再到中山大学后一年多的际遇，主要是关于自己与傅斯年之间在学术研究、工作方式上的分歧以及由此带来的关系日趋紧张的过程。但是这封信的落款时间却为“中华民国十八年八月二十日”（图二），即1929年8月20日。

这封信的写作时间此前曾引起学者注意：《胡适来往书信选》（中华书局，1979年），根据原件整理，整理者将此信置于1929年；《胡适遗稿及秘藏书信》（黄山书社，1995年）根据原件影印，编者已将此信置于1928年，可惜未说明理由。好在这封长信的内容非常丰富，不难考究其确切的写作年份，因此三十年以来也并没有成为被大家特别提起的话题。

但是，随着《顾颉刚日记》的公布，细心的读者通过日记与书信的比对，发现了这个都是由当事人亲笔留下的在写作时间上的两歧纪录，于是产生了怀疑。近日，上海复旦大学朱维铮教授在读过一遍《顾颉刚日记》之后，就写了一篇《顾颉刚改日记》长文，刊登在 2009 年 2 月 1 日《东方早报》的上海书评版中。文章以为顾颉刚“在数年或数十年后以今律古，为达某种现实目的”，于是在日记中“篡改他于民国十八年（1929 年）8 月 20 日致胡适函的写作时间”、将自己“发生在 1929 年的行为，一笔抹煞，还将原有记载移前一年”。——这很容易解释，因为日记在自己手上，而书信在收信人那里。——一时间顾颉刚改日记，顾颉刚日记是原始史料吗，甚至顾颉刚之为人为学，都成了人们茶馀饭后谈论的话题。

作为古史辨派的“掌门人”，视日记为“生命史中最宝贵之材料”（1939 年 10 月 25 日日记）的顾颉刚，难道真的在后来的岁月里，“篡改”他当年的“生命史”——留与后人来辨伪么？是否还有一种可能，那就是书信的落款错了？孟子说：“尽信书，则不如无书。”钱穆说：“考信必有疑，疑古终当考。……疑与信，皆需考。”所以说要确定顾颉刚这封信的写作时间，其最直接也最可信的方

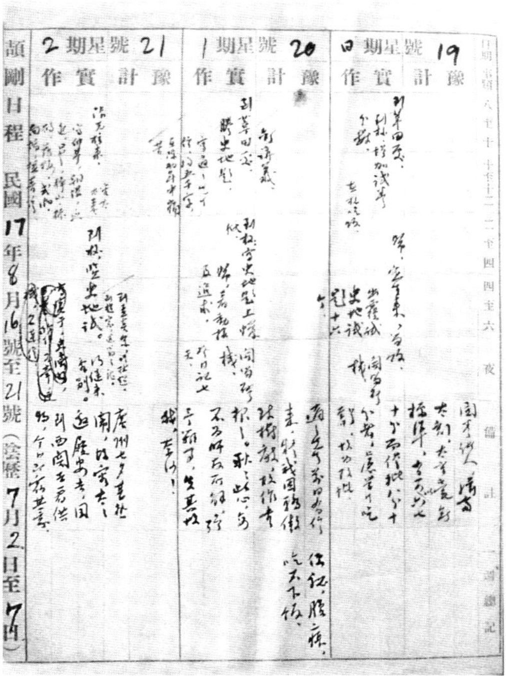

图一　顾颉刚 1928 年 8 月 20 日日记

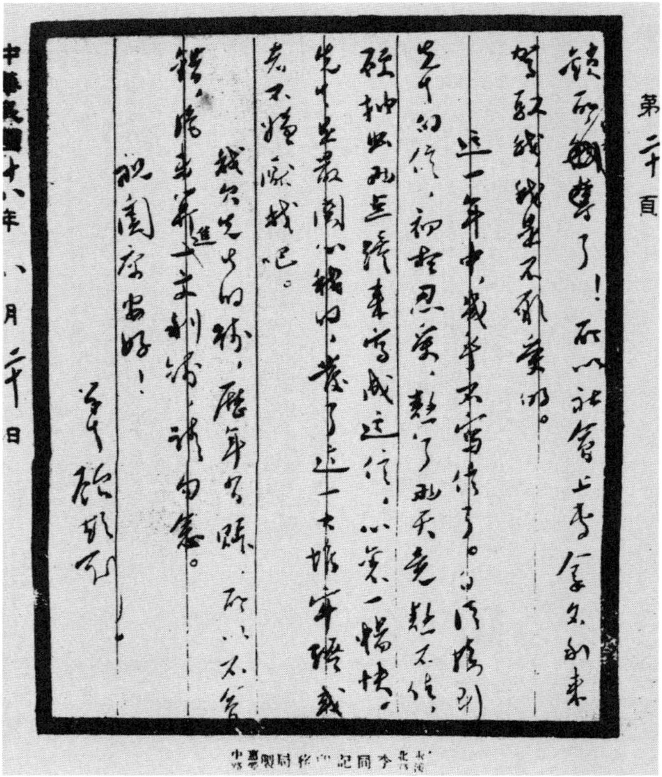
第二十頁

祝閤府安好！

顧頡剛

中華民國十八年八月二十日

图二　顾颉刚致胡适函末页

法，就是将信中涉及到的时、地、人、事，寻求相应的史料来比勘印证。

顾颉刚这封长信中，至少有八件事的确切时间可以考知，兹先引原文，再略述事由如下：

〔一〕前年出京时，负了二千元的债。

按“前年出京”指 1926 年 8 月顾颉刚离开北京受聘厦门大学事。顾颉刚 1926 年 7 月 1 日日记：“兼士先生送来厦门大学聘书二纸，一研究所导师，一百六十元；一大学教授，八十元。以北方尚无相当职事，只得允之。拟于八月中行。”遂于该年八月五日起程“出京”，二十一日抵厦门。所谓“负了二千元的债”，据顾颉刚 1926 年 1 月 6 日日记载欠债总数为“共一千六百五十二元六角零五厘”，同年 5 月 16 日致胡适信中，列“颉刚欠款”清单，共欠款“一千九百五十元”，同年 9 月 12 日日记载欠债数为“共约一千五百五十元”。信写于 1928 年，与称 1926 年为“前年”正合。

〔二〕去年上半年，就为了别人的攻击，弄得心很乱，没有继续做研究的工作。

按“去年”指 1927 年。顾颉刚 1927 年 6 月 28 日致沈兼士信曰：“此半年中，一班无聊人为我造谣不少。”同年 7 月 4 日致王伯祥、叶圣陶信曰：“这半年中，生活一乱，差不多没有读书。”

〔三〕今年春间，燕京大学来书见聘，谓在美国已捐得大批基金，开办中国学院，邀我去作研究。

按“今年”指1928年。顾颉刚1928年1月28日日记：“希白来信，谓燕京大学司徒校长往美国捐款，得二百万元，与哈佛大学合办中国学研究院，因招我去。此事我极愿就，在北京，一也。生活安定，二也。”同年2月23日日记：“希白来书，谓燕京研究中国学经费，年定十万元，予心颇动，欲往。盖（一）予尚未经过正式之研究生活，日夕盼望达到；（二）予书籍器物俱置京中，两年在外，总难宁定；（三）康媛不入北京聋哑校，无其安心立命之所也。”希白，容庚字，时任燕京大学教授。所谓“与哈佛大学合办中国学研究院”事，即由燕京大学校长司徒雷登与洪业、董纳姆等筹划，于1928年1月4日成立的哈佛-燕京学社，总部设在哈佛大学，在燕京大学设立学社驻北平办事处。“基金”即由美国铝业大王查尔斯·马丁·霍尔的遗产所设立的“霍尔教育基金”。

〔四〕恰好那时中央研究院写聘书来，我就受了，把燕京辞了。

按“那时”指1928年3、4月间。顾颉刚1928年3月20日日记：“蔡先生（即蔡元培）有电来，中央研究院语言历史学研究所款照汇，筹备委员照派。此事可进行矣。”《中央研究院历史语言研究所简介》：“民国十七年三月，本院筹设历史语言研究所于广州，聘傅斯年、顾颉刚、杨振声三人为常务筹备委员。”同年3月25日日记：“希白来书，谓燕京大学设立之研究院，其研究员仍须兼大学本科课，并须办事，闻此使我心冷。”次日日记：“写致希白书，详说近年所感痛苦，求去粤之意，并说不就燕大本科教授之故。”信中说：“兄来书中谓燕大中‘不教书、不办事是办不到’，这颇使我失望。燕大既办研究院，为什么不让人专在研究院而必兼大学本科的职务呢？兼了大学本科的职务，又要办研究院的事，那不过是使我复演厦门、广州的生活而已。我既决不会满意，而贡献于燕大的成绩也不会很多。……此事弟不愿就，幸恕之。”同年6月15日致胡适信：“今春燕京约我，我本想去，因怕伤孟真感情而辞去。好在我只想得一研究的环境，如中央研究院可办好，则与去燕京无殊，故下半年决在中央研究院矣。”又，1931年6月18日致傅斯年信：“故十七年夏间燕大见招，弟已谢绝，谓下期到中央研究院，较燕大之必兼数小时功课者，尤为适于研究。”可为佐证。

〔五〕今年放暑假时，我是预备脱离广州的。经校长和学生作了十馀天的挽留，始应承再留半年。

按“今年”指1928年。顾颉刚1928年7月11日致容庚信：“弟本拟于今夏返京，如无此间校长与学生日日来留，无法摆脱，只得再留半年。”同年7月15日致胡适信：“我本想本月底北行，因骝先先生及学生坚不放走，只得答应再留半年。”1931年6月18日致傅斯年信：“不幸是年（即1928年）暑假时，朱骝先先生一再挽留，学生亦一再挽留，情不可却，只得再留半年。”故到1929年2月学校放寒假时，顾颉刚才携眷离开广州北上，临行时曾作《离粤时与诸同学书》《顾颉刚启示》（分别刊于1929年2月间《中山大学日报》《民俗周刊》《中山大学语言历史学研究所周刊》）。

〔六〕举一个例罢：譬如这次中大招考新生，我为阅国文卷的主任，我见有些人批分太苛了，有些人的标准太不定了，使得考生吃亏许多，我便于阅毕之后重阅一过，改定分数。

按顾先生1928年8月17日日记：“阅国文试卷者六人，信甫、太玄、杭甫、莘田、泽宣（第二日请缉斋代）、予；予为主任。”19日日记：“到校，增加试卷分数。……阅卷诸人，缉斋太刻，太玄毫无标准，有可以六七十分而仅批八分十分者，虑学生吃亏，故为改批。”

〔七〕自从到了广州以后，《研究所周刊》出到四十二期了。

按“《研究所周刊》”即《国立中山大学语言历史学研究所周刊》。创刊于1927年11月1日，顾颉刚1927年11月1日日记：“［周刊一期（1—26页）。］”以后每周一期。1928年8月15日日记：“［第四十二期

（发）。］”同年8月22日日记：“［第四十三期（发）。］”又，1929年7月5日致闻一多信：“《研究所周刊》已出至八十期。”

〔八〕今日览报，悉孑民先生已辞大学院长职，中央研究院不知要否受影响。

按“今日”指1928年8月20日。蔡元培《辞大学院院长等职呈》：“元培老病之身，不宜再妨贤路，且积劳之后，俾可小息。谨辞政治会议委员、大学院院长本职及代理司法部长兼职，其他国民政府委员及政治会议委员亦一并辞去。”上海《时事新报》1928年8月18日：“据知其底细者言，蔡氏辞职实有二因：一系职务纷繁，劳苦太甚；一系趁五次会后，政府改组将有变更，可以及时引退。至有谓蔡因反对大学区制而辞职者，并非事实。”《东方杂志》时事日志1928年8月18日条：“蔡元培辞政治会议委员、国民政府委员、大学院院长、代理司法部长各职，携眷离南京。”

综上所考，顾颉刚日记将此信隶于1928年8月20日是不用再怀疑的。不过书信的落款写作“十八年”，确实有点令人费解——最可能的答案就只能是他一时的笔误。因为是年11月13日顾颉刚在日记中写道：“今日上午，与孟真相骂，盖我致适之先生信，为孟真所见，久不慊于我，今乃一发也。予与孟真私交已可断绝矣。”傅斯年从胡适处见到的顾颉刚“致适之先生信”，即是此信。此信之曝光，似乎加速了顾、傅间的“交恶”。顾颉刚虽说“与孟真私交已可断绝”，实亦不曾断绝，从保留下来的1929年以后顾颉刚与傅斯年往还的十数封信中，我们犹可以读到两人间的互为帮助及真诚鼓励——或许这样的“私交”可能仅停留在文字客套的层面，所谓江湖浩浩，各行其道，但在学术上仍然是彼此尊重的。老辈风范，今之学人多不可及矣。

原载《中华读书报》2009年3月4日

顾颉刚与中华书局之交往

顾颉刚先生是现代学术史上开宗立派的大师，而1949年以前他个人的著作却没有一本是在中华书局出版的。根据现存档案，顾先生最初是以一个出版者的身份与中华书局联系合作事宜的，而且后来还因印行中小学教科书事成了竞争对手，甚至呈文当时的国民政府主席。

顾先生于1954年8月22日奉命到京，任中国科学院历史所研究员。当顾先生将工作计划并历年积稿交给历史所所长尹达时，尹达评之为“大而无当”，在顾先生心中激起了某种“被征服者”的屈辱感。

就在顾先生进京的第二天，中华书局编辑部姚绍华即登门拜访，商谈《史记三家注》点校事；可以说自此之后，顾先生业务上的每一件事，都与中华书局休戚与共。

1955年6月11日，民进中央主席马叙伦邀顾先生参加民进，第二年顾先生当选为民进中央委员。

20世纪60年代初，中华书局总经理金灿然曾与历史所所长尹达、民进中央秘书长徐伯昕商定："顾颉刚的学习由民进领导，业务由中华负责，工资归历史所发给。"像顾先生这样以学术为终身的学者而言，业务是其生命存在的意义，可见顾先生与中华书局关系之深厚。1965年10月26日，顾先生因结肠手术，在《预立遗嘱》里表示："我一生写作，应悉交中华书局，请他们组织委员会整理。"四十五年之后暨顾先生逝世三十周年之际，中华书局出版了《顾颉刚全集》，完成了顾先生的遗愿，践行了一个学术文化出版机构的使命。

以下分五部分，简述顾先生与中华书局交往之大概。

一、初次的碰壁与《文史杂志》之合作

1936年，顾先生在北京主持通俗读物编刊社，为唤醒民众的进步，希望成为"中国民族解放运动中的一个新动力"，同时编辑出版《民众周报》。但是由于当时在北京印刷，不仅纸张低劣，而且销售不广，为求得上海各书店能够承印并广为推销，遂致函中华书局，谓"素仰贵书店热心文化运动"，"望能双方合作，为大众文化而努力"，并开列合作条件。时任中华书局编辑所所长舒新城批示："照现在纸价，谁都不能办。恐怕是纸无办法，不是印刷问题。……决退还。"第一次谋求合作，顾先生碰壁而返。

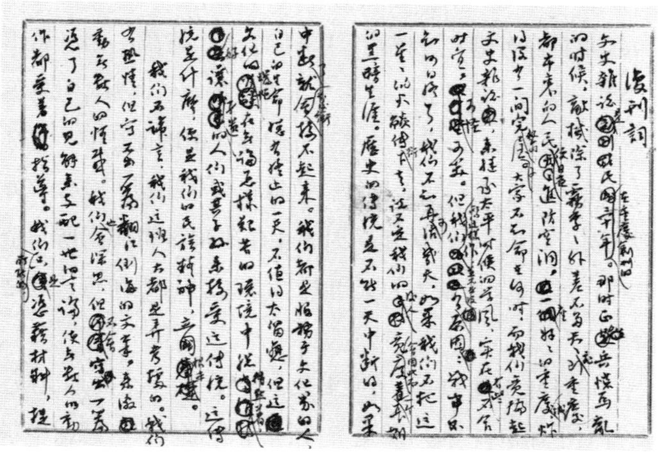

顾颉刚《文史杂志复刊词》

1941年6月5日，顾先生抵重庆，任《文史杂志》社副社长、主编。该杂志此前一直由商务印书馆印行，但1943年自商务港厂沦陷后，“出版极迟，常隔三四月始出一期”，至有“愆期达一年之久”者，顾先生“为各方骂得要命”，10月8日日记：“王云五频要社中增加补助，直欲将社中经费完全榨取而后已，迫得我与之决裂，今日双方毁约矣。”10日，顾先生访时任中华书局编辑所副所长金兆梓，“谈《文史杂志》交印事”。未几，订立印行该刊之合约。

1944年1月11日，《文史杂志》第三卷一、二期出版，发行七千馀份，“誉声载道”，顾先生非常高兴，感谢中华书局“改善之力”。后来还编有“古代史专号”、“唐代文化专号”、“社会史专号”、“佛教专号”、“戏剧专号”、“民俗专号”、“朱逷先先生（希祖）纪念专号”等专号。《文史杂志》本来是国民党中央党部所办，但在顾先生主编、中华书局印行下，成为抗战期间后方非常重要的大型学术期刊。

二、进京后第一任务：总校《资治通鉴》

1954年9月，第一次全国人民代表大会召开，毛泽东向吴晗说起标点《资治通鉴》事，要范文澜组织专家在一两年内整理出版；另要将杨守敬《历代疆域图》用新方法改绘。根据顾先生日记，11 月 2 日成立“标点《资治通鉴》及改绘杨守敬地图工作委员会”，以范文澜、吴晗、黄松龄、董纯才、翦伯赞、侯外庐、向达、顾颉刚、尹达、黎澍、刘大年、金灿然、王崇武为委员，以范文澜、吴晗为召集人。

在标点《资治通鉴》小组中，范文澜曾敦请顾先生主持标点工作，因为顾先生年事最长，且曾从事过《史记》白文点校。顾先生表示，此事非范老亲自主持不可，自己则可校阅书稿。后以王崇武为召集人，顾先生任总校对，标点者有：聂崇岐、齐思和、张政烺、周一良、邓广铭、贺昌群、容肇祖、何兹全。11 月 8 日，召开标点《资治通鉴》第一次讨论会。

之后，样稿陆续交来，顾先生开始审阅，这在日记中多有记载。1954 年 11 月 15 日：“看王之屏所点《通鉴》两卷。……之屏所点《通鉴》颇多误处。料想他人，亦必如此，盖大家任务太多太忙，必不能细细研究才下笔也。予任总校，要在十个月内整理出二百九十四卷之书，一一改正他人之误点，其不遑喘息可知也。”29 日，召开《资治通鉴》标点第二次讨论会，顾先生提出，以委员会所定十个月完成之期限，“就我一个人的总校言，则绝对不可能”，希望延长时间或添请校对人员。于是商定由王崇武、聂崇岐、容肇祖与顾先生分任校阅工作，改变总校对制，组成四人校阅小组，分工复校其它参加者的点标稿。

1955 年 2 月 17 日，召开“标点《资治通鉴》及改编杨守敬地图委员会及工作人员全体会议”。24 日，与王崇武、聂崇岐、容肇祖“商谈《通鉴》标点事，开复校小组会”。4 月 21 日，“聂筱珊来，共商标点疑问。徐调孚来，同讨论《通鉴》排印事”，下午又与徐调孚、王崇武、聂崇岐、容肇祖会，议定：“《通鉴》至六月底，交廿册与古籍出版社，此后每月廿册，至十月底完毕。明年六月，古籍社全部印出。”

那么，《资治通鉴》为什么要如此迅速地出版呢？1956 年 2 月 5 日，顾先生到怀仁堂应宴，日记记载：“毛主席、周总理均慰问予去年之病，谓《资治通鉴》不必这样赶。予答云：‘领导上说，已报告毛主席，时间不能改变。’”不管怎么说，《资治通鉴》还是按期完成了出版任务，开创了应用 1951 年新闻出版总署公布的新式标点符号标点大部头史籍的先河，同时也推动了古籍整理事业的蓬勃开展。

《资治通鉴》第一版的出版者是古籍出版社，但由于 1957 年初该社的业务、人员、办公楼等都并入中华书局，以及后来图书的修订再版都是由中华书局完成的，所以原古籍出版社出版的图书都成为了中华书局的出版品种。

三、整理《史记》及“二十四史”总其成

1954 年 8 月 23 日，即顾先生抵京后的次日，中华书局编辑部姚绍华登门拜访，约请整理《史记三家注》。顾先生“大喜过望”，因为顾先生“发愿整理《史记》已历三十年”。9 月 1 日，到中华书局，商谈《史记》标点事宜。10 月 5 日，拟《整理史记计画》交姚绍华。由于当时顾先生承担了《资治通鉴》的校对任务，所以顾先生就请北大同学贺次君到北图校勘《史记》的不同版本，并从中华书局预支的稿费中供给他生活费。

《资治通鉴》出版后，顾先生即着手《史记》的点校。因为在顾先生的心目中，《史记》整理要分四个步骤：“第一步出标点的‘金陵本’，略加改正，并附索引；第二步出‘史记及三家注校证’；第三步出‘史记三家注定本’；第四步出‘史记新注’。”由于顾先生“一因事忙，二因多病，三则过于求细”，所以推延了出书计划，迟至 1958 年 8 月才将《标点史记凡例（稿本）》交到中华书局。

1958 年 9 月，毛泽东指示吴晗，要求标点前四史。13 日，吴晗、范文澜、尹达、金灿然、张思俊等召开标点前四史工作会议。会议决定：除前四史之外，“其他二十史及《清史稿》的标点工作，亦即着手组织人力，由中华书局订出规划”。后将此报告送呈毛泽东，毛批示曰：

“计划很好，望照此实行。”

9月15日，宋云彬以“待罪”之身（1962年前还没有摘帽）到中华书局上班。10月，开始审阅顾先生标点本《史记》，发现有不少点错或标错的地方。11月6日，在金灿然的召集下，顾先生“到中华书局，开会，讨论《史记》标点事”，会议决定：由宋云彬另觅一金陵本，并在顾先生标点本的基础上重新加工，完工后连同顾先生的标点本送聂崇岐看一遍，作为定稿发排。该书于1959年9月出版，作为向国庆十周年献礼之书。10月2日，顾先生到中华书局访副总编辑傅彬然，“看新出版标点本《史记三家注》”，傅告之曰：“中华书局出版标点本《史记三家注》，国庆献礼，毛主席打三次电话索取，览后表示满意。”顾先生感慨道：“斯我辈多人之积年辛勤之收获也。”

这期间，其他各史也逐渐展开，但进度缓慢。为了提高各史的整理水平，决定外地院校承担的各史由分散点校改为在北京集中点校。中华书局向周扬报告，要求把承担点校的有关同志借调到中华书局工作，得到支持。1963年，中宣部与高教部联合发函给有关高校，借调唐长儒、陈仲安、王仲荦、张维华、卢振华、刘节、罗继祖、郑天挺、王永兴等到翠微路中华书局工作，原北京的陈垣、刘乃和、邓广铭、翁独健、冯家昇、傅乐焕则仍在家工作，每周一次业务会，讨论点校过程中出现的问题。这段时间，史称“翠微校史岁月”——至1966年5月结束。此时，前四史已全部出版。

1971年4月7日，由当时国务院办公室负责人吴庆彤与原学部留守组军代表、出版口及中华书局有关同志，共同到干面胡同顾先生家，向顾先生传达周总理的批示："'二十四史'中除已有标点者外，再加《清史稿》，都请中华书局负责加以组织，请人标点，由顾颉刚先生总其成。"是夜，顾先生"未成眠，计划工作人员名单"，后作《整理国史计画书》。29日，召开讨论"二十四史"及《清史稿》标点事。出席会议的有吴庆彤、宋云彬、徐调孚、高亨、白寿彝、许大龄等二十馀人。顾先生又作《标点"二十四史"及〈清史稿〉应注意的问题》、《"二十四史"标点工作我所望于中华书局者》等文。

但是顾先生因为身体状况所限，此项工作实际由白寿彝负责。到1977年底,《清史稿》出版；1978年春，最后一种《宋史》出版（版权页作1977年11月）。至此，点校出版工作全部完成。

虽然说这套整理本是现今最为通行的版本，但是顾先生从出版之初就表示还要重新点校，对很多史的校勘记被删除非常不满，指出："只要用事实说话，不多说空话，就不能说是繁琐考证。"顾先生曾说："凡是一件有价值的工作，必须经过长期的努力。一个人的生命不过数十寒暑，固然可以有所创获，但必不能有全部的成功。所以在学术事业发展的长路上，自己必须在前人的基础上迈进一步，

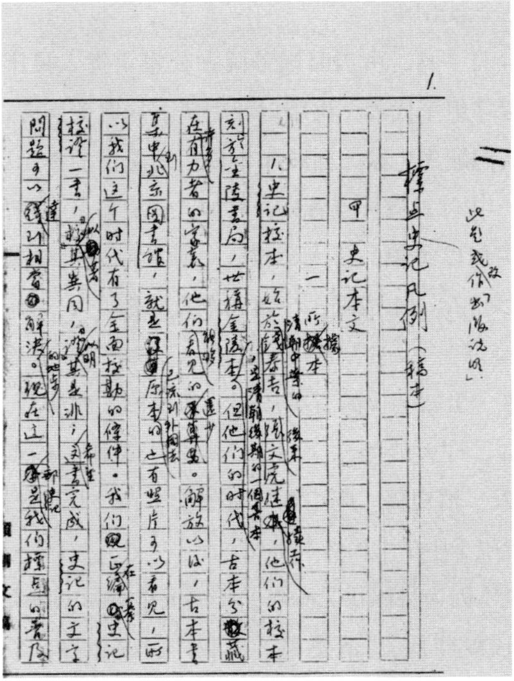

顾颉刚《标点史记凡例（稿本）》

同时也应该推动后人更比自己迈进一步。”2005年，中华书局启动了点校本“二十四史”及《清史稿》修订工程，并采用了对每一史另做“校勘长编”的方式，说明存在的问题以及处理的理由，不仅吸取了顾先生的意见，同时也是对顾先生最好的纪念。

四、庞大的《尚书》整理计划

翻译《尚书》为现代语，是顾先生“五四运动”后所发之宏愿，几十年从未忘却，只因生活动荡始终没有正式进行。1958年年底，《史记》标点完成。自1959年始，历史所派给顾先生的工作任务就是整理《尚书》，而领导任务则由中华书局副总编辑萧项平主持。1月31日，中华书局要求顾先生停止所有其他图书的整理，务必将《尚书今译》于9月交稿，为的是10月出版，可以向国庆节献礼。

6月25日，顾先生就《尚书今译》的具体工作计划，给金灿然、萧项平等写了一封四千多字的长信，详细说明了《尚书》整理的困难以及《尚书今译》书稿完成的具体计划，并希望中华书局可以配给自己两个人：一个是高级助手，可以代为搜集材料，整理材料；一个是低级助手，代为钞录资料、誊钞稿件以及缮写钢板蜡纸。信末附录为整理《尚书》拟联系之四十六位专家名单，涉及研究版本、声韵、文字、训诂、语法、历史、地理、天文、经学、子学各领域。因为在顾先生设想中，早已有一庞大的《尚书》整理计划，即“《尚书》学十书”：①《尚书》校文，②《尚书》文字合编，③《尚书》集说，④《尚书今译》，⑤《伪古文尚书》集证，⑥《尚书》学史，⑦《尚书》通检，⑧《尚书》学论文选，⑨《尚书》简注，⑩《尚书》学书录，做出来的目的是“此后整理古籍者有绳准矣”。当然，这样做的目的还有其他原因，那就是对于中华书局而言，希望顾先生“作出最详尽的解释和最妥当的翻译”，所以不厌其烦的提出问题，要求修改；对于顾先生而言，也“喜欢把材料搜得多，问题钻得深”，因为“外国人研究中国学问也有钻得很深的，尤其是日本，对中国经书设有专室研究，我若轻易下笔，则帝国主义、资本主义的国家的学者冷眼看着，如有差错落在他们的眼中，将立刻受到不容情的批判，势必有损于中华人民共和国的声誉”，所以“不得不十分小心，以期不辜负党的厚望”（1964 年 9 月 7 日与陈慧、徐伯昕函）。这也就是后来中华书局给文化部函中所提出的：“考虑到顾在国内外有相当影响，他的助手问题似仍不能不加考虑。”

1959 年 7 月 8 日，中华书局金灿然、姚绍华亲自到顾先生家商谈《尚书今译》事，顾先生日记记曰：“今日金灿然同志来，态度甚好，允配给助手二人，帮助钞写，搜集资料及学习整理工作，此殊解决我心事。”从这一天开始，顾先生恢复了循序渐进的《尚书》整理工作。11月，中华书局派尹受来帮助顾先生任钞写，尹受工作努力，学习刻苦，顾先生十分满意。后又派编辑孟默闻协助顾先生整理《尚书》。

是年7月，顾先生至青岛疗养，偶遇刘起釪，刘表示愿意追随顾先生进行《尚书》研究。顾先生遂向中华书局提议，希望调刘来京为高级助手。为此，中华书局金灿然向周扬、齐燕铭等领导人以及中宣部、文化部、中国科学院近代史所南京史料整理处等部门频繁申请、联系，商调刘起釪事。1960年的商调，因刘原单位不同意而未果。为此，1961年上半年，金灿然与南京史料整理处主任王可风面谈。12月1日，又致函文化部干部司商调刘来京，并附“请调干部登记表”一份，表中“拟调至何单位任何职务”一栏，所填为“中华书局作社外编辑顾颉刚先生的助手”。

1962年1月16日，文化部干部司同意调刘来京。1月24日，中华书局致函南京史料整理处，告知文化部已经批准中华书局调刘来京工作事。3月16日，又致函南京史料整理处，询问刘来京报到日期；23日，南京史料整理处致函中华书局，告刘暂缓来京并要求寄回档案材料。4月30日，金灿然致函王可风，询问刘不能到京的原因。5月7日，王可风复函金灿然，询问编制及进京户口问题；12日，刘致函顾先生，谓得组织上正式通知，可调往中华书局。6 月 11 日，金灿然致函文化部齐燕铭、徐光霄，请求解决顾先生助手问题，徐批示谓“目前自外地调人有困难”；19 日，中华书局致函顾先生，告调刘进京事最近已向有关部门打了报告；25 日，顾先生致函金灿然，谓刘来函，并催办调京。7 月 8 日，金灿然致函齐燕铭，催办调刘进京；20 日，康生办公室致函齐燕铭，送上刘致顾先生信，齐燕铭 8 月 1 日批示：“此事已解决。”8 月 6 日，金灿然致函齐燕铭并转文化部人事司，附与王可风信拟稿；同日，金灿然致函王可风，通知刘自己先行来京；7 日，文化部徐光霄办公室致金灿然函，退回齐燕铭批示；9 日，金灿然致函王可风，通知刘可先行来京；17 日，中华书局致函文化部干部司要求解决刘进京户口问题；21 日，金灿然致函王可风，通知刘先行来京准备，户口问题已报有关部门。9 月 7 日，金灿然致函齐燕铭，关于刘来京户口问题，干部司仍未上报；30 日，金灿然致函王可风，要求见信后即请办理刘调职手续。10 月 5 日，王可风致函金灿然，谓南京史料整理处人员编制在科学院近代史所，已报北京所中，一经批示，即可办理调出手续；8 日，金灿然致函王可风，刘干部简历表收到，要求转来刘政治历史问题和审查结论等材料；同日，中华书局致函近代史所刘大年，希望得到支持，以便尽快解决，并电话联系，获同意；20 日，金灿然致电王可风，谓调刘函近代史所已发出。11 月 4 日，刘致函金灿然，报告缓期到京；

6 日，金灿然致函王可风，询问刘为何迟迟不来京，要求刘来京日期车次确定后先行电告，以便派人去车站迎接；10 日，南京史料整理处致函金灿然，谓刘本月 15 号前到京；22 日，刘来京报到。顾先生日记："刘起釪君今日到京矣，此事接洽四年而成，可见北京添进一干部之难，盖市人委、文化部、宣传部各关都须打通之故。"可见当时调一人之难，亦可见中华书局为顾先生配助手事之重视。

是年 9 月，中华书局特设一间办公室，为顾先生专力从事《尚书》工作之用。自刘起釪来后，金灿然又先后致函南开大学郑天挺、郑州大学嵇文甫，借调青年学者李民进入中华书局，与刘起釪一起协助顾先生整理《尚书》。直至"文革"起，此项工作被迫停顿，幸好所有资料未有散失。

1975 年 9 月 20 日，顾先生日记："起釪言，中华书局所拟出版计划，本定四年，送至毛主席处审阅，主席言：中华专出古书，而古书有极难解者，如《尚书》非有十年时间不可。因令重拟。为此，这个工作又将落到我身上，但我体已衰，只能帮起釪找些资料，由他作主干。"10 月 21 日，顾先生改刘起釪《尚书今译》计划书。至此，《尚书》研究工作，开始逐渐恢复。

1980 年 12 月 25 日，顾先生逝世。刘起釪独立担负《尚书》整理工作，中华书局编辑部曾告诫刘："应该完全摒弃一切外力邀请写的东西，消除干扰，杜绝一切外骛，全心全力整理《尚书》。”中华书局编审杨伯峻生前给刘最后一信，也勉励其务必完成，“不可使千秋万代有所责望”！刘起釪积三十年之心力，耗二十年焚膏继晷之功，至1999年10月终于完成了《尚书校释译论》这部皇皇巨帙，并于2005年4月由中华书局正式出版，实现了顾先生“最后才下手去作”的“《尚书》全书的考定”工作。

五、从《史林杂识初编》到《顾颉刚全集》

1955年，顾先生应上海人民出版社之约，整理《浪口村随笔》。并得于鹤年等人相助，于1961年2月编定《史林杂识初编》。后因出版社分工，该书转由中华书局出版，1964年1月24日顾先生见到样书，日记记载：“《史林杂识》今日始见到，中华印刷，清楚悦目。……此为中华书局出版予写作之嚆矢。”顾先生自认为该书优点有二：“随时随地可以提出问题，亦随时随地可以解决问题，牖启青年治学兴趣，一也。文辞雅而能俗，谨而能肆，庄而能谐，开文言文之一派，二也。”首印2200册，两星期即售罄。后编《史林杂识续编》，可惜未成。

1961年8月，中华书局金灿然、萧项平向顾先生建议，除出版其《尚书今译》和《史林杂识》外，更应将其一生著述编为文集，由中华书局出版。顾先生日记1962年6月7日记载，本年需向中华书局交稿中有“古史论文集（地理）”一种。是年11月，中华书局与顾先生签订《尚书今译》、《古代地名汇考》和《近三百年著述考》三书约稿合同，顾先生回信中说：“承你局好意，允许接受我这三部稿件，真是我极大的光荣。”可惜都未成。

1978年9月，中国社会科学院请顾先生作《工作规划》，其中就有“修订已发表的论文和未发表的文稿，编成分类文集”的规划。后中华书局又重申前议，顾先生即请助手王煦华拟编《古史论文集》目录（拟编六册）；并于1980年5、6月间，亲自编定《古史论文集》第一册。中华书局于1988年出版《古史论文集》第一、二册，1996年出版第三册。

自顾先生逝世后，顾先生的助手王煦华与顾先生的女儿顾潮、顾洪三人负责顾先生《全集》的收集整理工作。至20世纪90年代中期，《全集》整理初具规模，由于受当时条件所限，中华书局未能接手。《全集》遂落户江苏某出版社，该出版社经过数年排校，面对巨大的人、财、物的投入，以及出版的遥遥无期，选择了中途退出。

顾先生在1979年4月13日的日记中提到：“予之心事有三部书当表章：一、吴燕绍《清代蒙回藏典汇》，二、孟森《明元清系通纪》，三、钱海岳《南明史稿》。”2003年7月起，中华书局先后将此三书纳入出版计划，并分别于2005年（《清代蒙回藏典汇》）、2006年（《南明史》、《明元清系通纪》）先后出版。

其时，中华书局听闻顾先生《全集》将由山东某出版社出版之后，非常遗憾。2005年1月21日，当听闻该出版社已放弃了出版顾先生《全集》计划时，中华书局及时与顾潮老师取得电话联系，始知是山东两家出版社将联合承担此项目，而此时这两家出版社的负责人正在赶往她家—签顾先生《全集》出版合同—的路上。中华书局表达了愿望，得到了难以形容的理解与支持！顾潮老师说："多少年来，就是想让你们出，你们就是不要。"这一次，终于不再放弃。三天后，中华书局与顾潮签订了《全集》的出版合同。

经过六年编辑、校订，在顾先生逝世三十周年的纪念日，中华书局出版了《顾颉刚全集》。这一切，冥冥中似乎自有天意！

原载《中华读书报》2011年1月12日

顾颉刚旧藏洋装本之题跋

夫欲觇一人学识之精博，可观其读书之多寡；其所读书之多寡，可问其插架之丰约。大凡专意为学者，莫不拥书万卷，甚或汗牛充栋也。反之，察乎所藏图书之内容与性质，亦可藉以窥学者治学之范囿与特点。此二者，盖自有其相通之处焉。

予观乎吴县顾颉刚先生所藏图书（归中国社会科学院“顾颉刚文库”），内存线装书约六千部三万六千馀册，洋装书约二千六百种万馀册，都凡四万六千馀册。顾洪女史曾据文库藏书，及顾先生日记、书信、笔记等相关数据，撰《顾颉刚藏书记》一文，将先生一生藏书（指线装书）分为初始期、成长期、鼎盛期、离散期、重建期五个阶段，详为介绍先生藏书之经历与特点，并将线装书部分按经、史、子、集、丛书、新学六部，分类著录，整理编辑为《顾颉刚文库古籍书目》；而洋装书部分未遑论及，予曾将之翻览一过，甚觉其内容丰富，如国学、史学、民俗学、边疆、古典文学、语言学、美术史、书目、通俗读物、农学、唯物主义、批判胡适、批判《红楼梦》、十七年史学、早年之教材课外书，以及朝鲜、日本、欧洲汉学家之著作等，各具特色；另有杂志若干，抽印本七百馀份。将其与古籍图书并读书笔记所载相比勘，可见顾先生所读之范围、旨趣之所在及为学之道。

特别值得注意者，在此些洋装书中，保留有顾先生校读、题跋之文字，虽则短短数句甚或单辞只意，然与考察顾先生之治学思路、历程及学术胸怀，具有重要参考价值。

如《近世中国秘史》，顾先生题曰："此书予幼时熟读，因以养成反抗清室统治的观念。"《十五小豪杰》，顾先生题曰："予十一二岁时，读书北街姚氏，见此书至爱读之。予之好游览，自此始也。"《啸亭杂录》，顾先生题曰："此书予幼时曾览数回，故于清代掌故略有所知。"由此可知顾先生日后所为诸事，盖渊源有自也。

《名学浅说》，顾先生于严复《译者自序》"盖吾之为书，取足喻人而已"句眉批曰：

学术为公，自当如此，吾窃志之矣。

后曰："民国四年四月，诵坤始读。"其时，顾先生欲为

《正学论》，因自设问曰："何者谓之学？何以当有学？何以有今日之学？今日之学当如何？"（《师馀录》一）其与顾元函曰：

学术者，非研钻故纸、墨守陈言之谓，要在观往知来、闻一知十，察天人而处顺变。故圣人常在忧患者，为其学术深至也。

又曰："学术是非，不在乎异同而在真伪。""学必以实为体，以虚为用。实者科学也，虚者哲学也。既不能虚，复不能实，是谓非学。"（同上）顾先生为学之旨趣也如是。

《小说闲谈》，顾先生题曰：

钱君杏邨，笔名阿英，毕生搜罗近代小说，各为提要，以彰社会之变化，实与史学有裨。近世搜罗小说者有马隅卿、郑西谛诸人，然皆偏重版本，不如此书之有历史价值也。

于顾先生而言，一切资料皆可作史料观，其早年《乙舍读书记》曰："小说应入史部。"亦是如此。

《管子今诠》，石一参著，顾先生题曰：

此书于抗日战争中出版，其时予在陇滇，不但未见，亦未知也。今日阅书于中国书店，得之。知其用力甚深，而仍不详石君为何如人也。世之学者湮没不彰者何限，而我辈以居都市之故，遂易欺世盗名，书此志愧。

按，石一参，名广权，一八七二年生，号蕴三，湖南邵阳人。清末留学日本弘文学院及政法大学，归国后曾任上海群治大学文学院院长兼代校长、湖南大学教授兼湖南国学馆主讲。著有《燕尘录》《后燕尘录》《老学今诠》《论语今读类编》《张子正蒙注诠言》《说文匡鄦》《老学源流记》《说诗解颐》《学易斋易象哲理观》《苍石山房文字谈》等。曾集日本侵华资料成《明耻篇》，毛泽东读而题曰："五月七日，民国奇耻。何以报仇？在我学子！"

又《章句论》，吕思勉著，顾先生题曰：

吕氏一生写作甚多，而身后竟无人提议为编一全集者，并其著述目录亦不可见。悲已！

表彰他人学术，发潜德之幽光，顾先生三致意焉。

《故都胜迹辑略》，侯仁之著，侯氏跋曰：

这里所收各篇是将近二十年前在颉刚师指示下写成的，现在看来仍然是很不成熟的，但我对北京城研究的兴

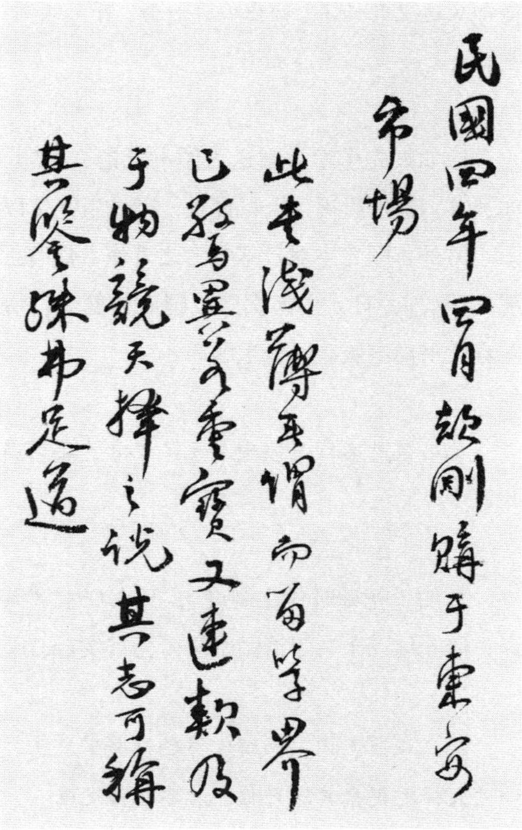

民國四年四月頡剛購于東安市場

此書淺薄無謂，而當時學界已認為異常之重寶，又遠歎及于物競天擇之說，其志可稱，其腦筋殊不足道。

顾颉刚题跋

趣却从这里开始了。检出旧存一册，寄呈颉刚师以为纪念。生仁之，一九五七年四月。

馀如顾先生学生赠送之图书及论文抽印本之签名本，亦甚夥。提携后进，因材设教，顾先生终生以之。

另外，顾先生对日本学者之著作，偶有批判，如《支那文明史》，日人白河次郎、国府种德著，清光绪二十九年竞化书局出版，顾先生题曰：

此书极有名，论亦琐屑无足记者，要为新学书籍中佳构耳。

又如《尧舜时代之制度》，日人户水宽人著，吴人达译，清光绪三十一年清国留学生会馆发行，顾先生题曰：

此书浅薄无谓，而留学界已惊异若重宝，又连类及于物竞天择之说，其志可称，其鉴殊弗足道。

同是此书，顾先生于《京舍书目》著录曰：

著者本非经学家，故不能责其详备，而留学界已惊若重宝，急为译出，而于数百年中完备之经学反若无睹。徒持物竞天择之说，腾而狂趡，其志虽可称，其学则弗足道矣。

可见顾先生为学之取向。

又，胡适曾将李泰棻《中国史纲》送与顾先生，封面题曰：

> 此书多误，如信《礼记》而不信《仪礼》之类，然此书亦有可供参考之处，故以奉寄。

时间为一九二二年五月十五日，是月二十日顾先生日记："看《中国史纲》。"二十二日，顾先生与胡适函曰：

> 承寄《努力周报》《史势鸟瞰》《中国史纲》，均收到，谢谢。……《中国史纲》聚的材料颇多，可惜仍是一部材料书。我想，我这回编书，总要力避列表式的文字，宁可材料不完备，不可一处没有精神。不知做得到否。

这些资料，若得互观，颇有意思。再者，胡适此篇短笺未曾收入《胡适全集》，不仅可作胡适之轶文看；如"如信《礼记》而不信《仪礼》之类"语，与十年后胡适《论六经不够作领袖人才的来源》所谓"儒家经典中，除《论》《孟》及《礼记》之一部分外，皆古史料而已"等，于考察胡适之学术思想，亦多可参稽。

顾洪所编《顾颉刚文库古籍书目》，已将线装书中之题跋收入，而洋装书部分之题跋未曾涉及，亦不曾编入

《顾颉刚全集》其他诸卷。此次整理《顾颉刚旧藏签名本图录》，收入签名本三百四十一种（其中图书一百九十六种，论文抽印本一百四十五种），另将顾先生校读、题跋本四十二种一并收入，用以纪念顾颉刚先生诞辰一百二十周年，暨“层累地造成的中国古史”说提出九十周年。

原载《中华读书报》2013 年 5 月 8 日

梁任公著作在中华书局出版述略

一、引言

综观吾国百年来之出版事业，出版机构以十年甚至数十年坚守一人或一书之出版抑或一丛书之陆续出版，其数量之夥、规模之大，似未有出中华书局之右者，试举数例：

《四部备要》，十数载；
《辞海》，二十载；
“二十四史”及《清史稿》，二十载；
《先秦汉魏晋南北朝诗》，二十二载；
《大唐西域记》，二十六载；
《中华民国史》，三十载；
《顾颉刚全集》，三十载；

《尚书校释译论》，四十载；

《琴曲集成》，五十载；

《新编诸子集成》，五十载；

……

期间，或有人事之变迁而停顿，或受时代之左右而搁浅，然中华书局之使命不因之而改变，执着不为之而泯灭。其所承载者，不关乎时间之长短、条件之允否，实为一种信任之托付、一种文化之肩负，诚如顾颉刚先生《预立遗嘱》所谓："予一生写作，应悉交中华书局，请他们组织委员会整理。"

然而，中华书局为一人之书之出版，前后跨度最久者，当推《饮冰室合集》与《梁任公先生年谱长编》二书。

二、梁任公与中华书局之关系

任公 1914 年应聘中华书局编辑所，主编"时局小丛书"；1915 年出任中华书局《大中华》月刊总撰述，订契约三年；1916 年当选为中华书局董事；1920 年参与主编中华书局《改造》月刊。

《中华书局启事》：

现在时局变化不测，其影响于吾国者甚大，不惟政治财政与有关系，即实业及社会上种种事情亦无一不视时局为进退也。梁任公先生有见于此，特与同志分纂此书，冀令我国上下了然与世界事情各国状况，诚今日最要之书也。现已陆续脱稿，四个月内出全。（《大中华》第一卷第一期）

按，此即“时局小丛书”也。

陆费伯鸿先生《大中华宣言书》：

一国学术之盛衰，国民程度之高下，论者恒于其国杂志发达与否觇之。盖杂志多，则学术进步，国民程度亦高。而学术愈进步，国民程度愈高，则杂志之出版亦愈进也。我国杂志之出版，肇始于《时务报》，梁任公实主持之。……今者吾局刊行《大中华》杂志，其于此四者果何如乎？杂志事业，吾局已认为要图，自当竭尽心力为之，资本、机关二者，固不俟言矣。梁任公先生学术文章，海内自有定评。窃谓吾国中上流人，稍有常识，固先生之功居多。而青年学子，作应用文字，其得力于先生者尤众。吾《大中华》杂志与先生订三年契约，主持撰述。此外担任著译诸君，亦皆学术专家，文章泰斗。人才一端，亦勿庸赘述。今吾所欲宣言者，则《大中华》杂志之目的而已。《大中华》杂志之目的有三：一曰养成世界智识，二曰增进国民人格，三曰研究事理真相，以为朝野上下之南针。欲达第一项目的，故多论述各国大势，绍介最新之学术。欲达第二项目的，故多叙述个人修养之方法及关于道德之学说。欲达第三项目的，故研究国家政策与社会事业之方针。不拘乎成见，不限于一家之言，一以研究为宗。即有抵触冲突之言论，亦并存之。至宗旨如何，方针如何，俱见任公所著《发刊词》中，不复论列也。（《大中华》第一卷第一期）

任公《大中华发刊词》：

我国民积年所希望所梦想，今殆已一空而无复馀。惩守旧而谈变法也，而变法之效则既若彼；惩专制而谈立宪也，而立宪之效而既若彼；曰君主之为毒也，君主革矣，而其效不过若彼；曰乱党之为梗也，乱党平矣，而其效不过若彼。二十年来朝野上下所昌言之新学新政，其结果乃至为全社会所厌倦、所疾恶。言练兵耶，而盗贼日益滋，秩序日益扰；言理财耶，而帑藏日益空，破产日益迫；言教育耶，而驯至全国人不复识字；言实业耶，而驯至全国人不复得食。其它百端，则皆若是。（《大中华》第一卷第一期）

此一时期，任公思想倾向共和，反对帝制。是年8月21日，《大中华》刊布任公《异哉所谓国体问题者》（第一卷第八期）宏文，反对尊孔复古逆流，引起社会震动，成为护国运动兴起之舆论先导，《大中华》因之而成为反对复辟帝制之理论阵地。在近代中国，报刊成为进步知识分子宣传政治主张的舆论阵地，成为传播科学文化知识的重要媒介，而“我国杂志之出版，肇始于《时务报》，梁任公实主持之”（陆费逵《大中华宣言书》）。

1914 年 12 月 20 日，中华书局第五届股东会议，选出董事十一人：唐绍仪、陆费逵、蒋鸿林、蒋汝藻、施则敬、沈知方、王宠惠、陈玉麟、周鹍、范源濂、沈恩孚。

1916 年 6 月 8 日，中华书局第六届股东会议，选出董事十一人：施则敬、唐绍仪、范源濂、梁启超、周扶九、蒋汝藻、陆费逵、陈玉麟、朱幼安、陈夔龙、廉泉。范源濂至 1924 年，皆为董事。

任公身为中华董事，其所主张，盖亦代表中华之立场，其以杂志为依托，以文章为利剑，引领时代之风尚，推动社会之进步，诚如中华创始人伯鸿先生所认识者：

我们希望国家社会进步，不能不希望教育进步；我们希望教育进步，不能不希望书业进步。我们书业虽然是较小的行业，但是与国家社会的关系，却比任何行业为大。（《书业商会二十周年纪念册序》）

任公《与中华书局函》（1917 年 1 月）曰：

中华书局董事会公鉴：

奉通告敬悉，因在忧中，不克列席。一切请范君静生代表。

此请

公安！

棘人梁启超稽颡

按，范源濂，字静生，湖南湘阴人。1898年进湖南长沙时务学堂学习，为任公弟子。1912年中华民国成立，任北京政府唐绍仪内阁教育次长，继任赵秉钧内阁教育总长。1913年1月辞职南下上海，任中华书局编辑长。1915年冬，与梁启超等共同发起讨袁运动，1916任段祺瑞内阁教育总长，举荐蔡元培出任北京大学校长。在中华期间，主持“新制”、“新编”、“新式”三套教科书之编写，并制定《辞海》编辑计划。

《改造》，原名《解放与改造》半月刊，北京新学会编，创刊于1919年9月，上海时事新报馆为之经理代售。从1920年1月第二卷第一期起，改由中华书局印行。创刊号问世时，任公适游欧洲；次年3月任公归国，由梁任公、蒋百里、蓝公武、张东荪等重新组织，“以名称贵省便故”，遂更名《改造》，宗旨为“群性与个性之交融，思想及经济社会之改造，并介绍世界有影响之学说，发扬我固有之文明”，成为传播新文化之主要刊物之一。担任撰述者，除梁、蒋诸人外，还有张君劢、瞿秋白、丁文江、沈雁冰、郑振铎等。

任公《改造》创刊号发刊词题为《政治运动之意义及价值》，文曰：

欧美政治，所以组织日新而基础坚实者，盖凡其政制皆经一度或数度极热烈之国民运动而来。……若多数人对少数人之普通选举运动，若无产阶级对有产阶级之种种社会主义运动；其借局部问题以发端者，若英国之谷税运动，若美国之禁奴运动；其纯限于局部问题者，大之如各国之妇女参政运动，小之如美国之禁酒运动。

梁漱溟《纪念梁任公先生》曰：

总论任公先生一生成就，不在学术，不在事功，独在他迎接新世运，开出新潮流，撼动全国人心，达成历史上中国社会应有之一段转变。

任公的特异处，在感应敏速，而能发皇于外，传达给人。他对各种不同的思想学术极能吸收，最善发挥。

于中华书局建局之初，任公即以主编、主笔身份参与其中，并成为中华董事，使中华书局的声名迅速崛起，集天下舆论目光之所聚，为中华书局的发展起到了重要的作用！而中华亦不辱任公之信任，之后数十年间，不管时局之如何沉浮，政局之如何跌宕，于任公书籍之出版，一以贯之。

三、从《全集》到《文集》到《合集》

众所周知者，中华之出版任公著作，私营期间凡三次：

一、1916 年，出版“梁任公手定”《饮冰室全集》，四十册，偏重于政论、书牍类文章。同年 11 月再版，翌年出缩本，分订四十八册。

二、1926 年，出版乙丑重编本《饮冰室文集》，聚珍仿宋版印制，线装八十册，分五集：第一集为戊戌以前所作，第二集居东瀛时作，第三集归国后至欧战前作，第四集欧战和议以迄最近作，第五集为题跋诗词曲小说诗话等，内容涵盖任公 1925 年之前全部著作。中华书局广告曰：“梁先生的文言文流利畅达，一洗古文积习，实文学革命的先锋，可作学文的模范；梁先生的语体文委婉曲折，或讲文学、或讲科学、或讲政治经济、或讲中外大势，都是很好的作品，可作现代语体文的楷模。”

三、1936 年，由林宰平编《饮冰室合集》，四十册。其中“文集”十六册四十五卷，“专集”二十四册一百零三卷，较 1926 年《饮冰室文集》多文一百五十篇、专集六十三种，“文集”附诗词、题跋、寿序、墓志等，“专集”附门人笔记若干种，约计七百七十馀万言。此为梁任公生平著述之最全版本，成为学术界研究近现代社会政治、经济、文化等之重要参考资料，影响深远。其后，陆续发行单行本三十馀种。

今档案中所见有关《饮冰室合集》出版事宜时间最早者为1933年2月28日，陈叔通致舒新城函，论用纸及装帧，函曰：

新城先生阁下：

奉手示并任公遗集样张两种，均谨悉，似甚合宜。将来普通（即报纸）或用硬纸面西装，精者（即道林纸）用皮面西装，此与定价有关，故陈鄙见，仍候台酌。梁宅弟亦去信矣。专颂

台安！

敬拜手上

二月廿八

1933年3月3日，陈叔通致舒新城函曰：

新城先生：

手复敬悉。布面、纸面，现订入契约，自无异议，仍照契约办理可也。

即颂台祉！

弟陈叔通

三月三日

1933年4月7日，丁在君、林宰平致中华书局函曰：

敬复：

前承函示梁任公先生《合集》版口式样及纸张多份，因任公先生家中人颇希望字能稍大些，当由梁思成兄与周支山兄就近接洽，思成兄拟有办法数条，此系二月间事。支山兄云："即将思成兄所商各节转达沪总馆，一得回讯，即告思成兄及弟等。"日前曾探询，知回询未到。顷接尊处书字第七八〇号信，合先布信，望将思成兄所拟各节赐予询复，至祷。敬颂

大安！

丁文江、林志钧合叩

四月七日

1933年5月10日，梁思成致周支山函曰：

支山先生：

成于上月外出至河北南部，调查宋元建筑遗物。日前归来，始悉大札，送来已经多日，未得早覆，尚祈见谅。

顷晤商丁、林二先生，认为先严全集即照印式，改变既多不便，亦无可如何，请按样本进行可也。往返函商，费时已多，尚祈即日付印，早日出书是幸。耑此，即颂

大安。

梁思成拜上

廿二年五月十日

1934年8月6日，陈叔通致舒新城函曰：

新城先生阁下：

久违教，想著述日新为佩。梁任公遗集未知已排至如何程度？约何时可以完竣？敬乞示知至感。专询，即颂台安！

弟陈叔通拜手上

八月六日

伯鸿先生乞代候。

按，伯鸿先生批曰：“‘文’，已排成十之八九；‘专’，正在赶排。”

1934年9月23日，陈叔通致舒新城函曰：

新城先生阁下：

前奉一缄，接贵部代复，据云：梁任公先生文集已排成十之八九，专集当在赶排中。查原订两年内出版，已将

届期，可否催促成之？伯鸿先生与弟等对于死者，亦可有以偿前诺矣。亟托亟托。专颂

台安！

弟功陈叔通拜手上

九月廿三日

按，舒新城批曰："速。"

1935 年 5 月 2 日，陈叔通致舒新城函曰：

新城先生阁下：

启者，梁任公遗集现已印至何程度？约何时可以出版？此事深仗大力催促。梁氏暨同人均极感激。特此奉询，即乞示知为荷。专颂

台祉！

弟功陈叔通拜上

五月二日

按，舒新城批曰："急。"

1935 年 6 月 10 日，陈叔通致舒新城函曰：

新城先生阁下：

奉六月一日手书并目均谨悉。弟仍以为不宜改动，因此书为林宰平先生原编，特再寄平商议。兹得宰平先生复

信，一并送上。信中如是否必需精装本以下云云皆甚是，当乞再思，不可削足适屦也。且原稿对于单行本皆保留原状，并未分裂，尽可单行分售，似与尊虑分售合售并无窒碍也。专颂

台祉！

弟陈叔通

六月十日

后附林宰平致陈叔通函及对于《饮冰室合集》之目次编排、分册事：

叔通四哥知己：

八日来教接到。任公遗集分类问题，前途坦怀虚受，感佩不可言，洋装十册办法可以变通，则困难问题已解决过半，至平装各册每册只收一种者，自无问题，其兼收数种，有可用总括名称者（如“佛学研究”之类），有难定总名者（如《双涛阁日记》、《清史商例初稿》等皆不易归类），可否每册书脊只标“饮冰室合集”五字，字下书“专集”二字（单行本多在专集方面），于封面上平列所收数种书名，或在里面之第一页用较大字平列书名，俾购者一望而知。此办法与思成谈过，渠亦赞成，请兄裁夺与前途一商。如不甚合用，乞示知，容再想办法。匆复。即颂

暑祺！

弟钧顿首，十四晨。

中华书局来函及改订《饮冰集》目次均看过，弟向不喜争执，事苟无大关系，皆乐于舍己从人。中华所改假令可用，何必定袒原稿？无奈改的实在要不得，如敷衍对方不一说话，似乎对不住任公，这样编遗集转不如不编之为愈。

譬如《作文教学法》《要籍解题》等与“修养”毫不相涉，《志三代宗教礼学》《志语言文字》乃至《考古学》等皆非“史志”，即如《国债史》亦不当入“史志”之列，《古书真伪及其年代》固与“历史研究”无关，即《美文及其历史》亦非讲史学，《盾鼻集》即非游记，亦非随笔，《先秦学术思想年表》至《汉志诸子略考释》此十种皆讲学术源流派别，原稿以年代相次，自为一类，其中《庄子天下篇释义》并非讲庄子哲学，《荀子评诸子语汇解》并非讲荀子哲学，改订本乃列入“中国哲学研究”，似有未合。诸如此类不备举，实则中华书局改本所立修养、史志种种名目，此为坊刻老法，未必因是遂可吸引读者，而反因分组难于恰当惹起多少问题。再者精装本（是否必需精装本）分十册（似乎问题即在此点，如能多分若干册，则一切困难皆解决），平装本分四十册，因为分册既要整数，而页数又要平均，遂不免有此削足适屦之举。若能稍为活动，则原稿对于单行本（此指原系单行本者）皆保留原状，并未分裂，尽可单行分售，其字数较少者以类相属，可合数种为一册，亦可作为单行本，似与分售、合售办法并无窒碍。至于《戊戌政变记》原属单行而著作年代又最早，故原稿列专著之首；《辛稼轩年谱》亦可作单行本，系任公绝笔之作，列在最后；其凡属任公口讲、门人笔记者，别为一类殿后。如不执定分为十册，则此种体例似皆无变更之必要。兄意以为如何？经此波折，引起下走一种要求，即任公此集，中华排版后，务请其将样本交尊处一阅，再行印刷。并请其勿随便轻动，此语恳即为转告。至盼至盼。

1935年7月18日，陈叔通致舒新城函曰：

新城先生：

前奉手书，至今日始接林宰平复信，特以呈览。弟住莫干山武陵路五五二号，如能径与宰平先生商洽尤妥（林宰平先生住北平宣武门外大井胡同五号），否则转多周折也。专颂

暑安！

弟陈叔通拜手

七月十八日

按，舒新城批曰："'文集'已校定，纸版已打好；'专集'已十之八校定，因散版太多，一部分已打纸版，现在只能照原目录之次序，不能大改动，免重排。广告预约办法等，请拟定交下伯鸿先生。新城。七月廿三日。"

之后，伯鸿先生遂有与舒新城论及目次、编排、装帧

等细节，档案中存有舒新城对《合集》中相关文章篇幅之页数统计。末有报伯鸿先生一纸，曰：

伯鸿先生：

此事照合同，公之主张不易实现，盖公意欲一一单行，合同则只选若干可单行者单行，并不要一一单行也。宰平来信有近意气书生，更见到生意，我想即与之商仍恐无结果，抬出合同来说，更伤感情。与其白费唇舌而无好感，不如听之之为愈。此书即全部单行所售亦有限也。

新城

1935年12月1日，陈叔通致舒新城函曰：

新城先生阁下：

昨上一函，计已入詧。顷有奉询两事：（一）林宰平先生来问，《饮冰室合集》预约，能否以折扣，抑定各本分印，可有折扣？北平燕大及图书馆均以此为询。乞示。（二）……

弟陈叔通

十二月一日

按，舒新城批曰："图书馆照预约价，八折；其馀十部以上，八折。请叔辰先生与伯鸿先生商。"

1936年2月18日，陈叔通致舒新城函，为《合集》卷首印任公像事，曰：

新城先生阁下：

昨接梁氏思成电，特以寄呈。重印来不及，又费事；或撤去，何如？乞台酌为荷。专颂

著祉！

弟陈叔通拜手上

二月十八日

按，舒新城批曰："已照办。"

1936年1月，《饮冰室合集》之"文集"十六册正式出版；4月，《饮冰室合集》之"专集"二十四正式出版。6月7日，陈叔通致舒新城函曰：

新城先生阁下：

久违教。昨接林宰平先生信，知应赠之梁任公先生《合集》尚未交到。可否即函贵平局划拨两部，较为便利。又，《年谱》契约能即先由贵局拟就，交与梁思成否？抑待交稿后再商？专颂

台祺！

弟陈叔通拜手

六月七日

1936年11月7日，陈叔通致中华书局编辑所函，告以收到《合集》，函曰：

中华书局编辑所台鉴：

顷收到《饮冰室合集》第三批单行本三十一种，计卅三册，共弍部不误。此颂

台绥！

陈叔通

廿五、十一、七

1937年9月15日，为领取版税事，梁思成致舒新城函曰：

新城先生惠鉴：

思成现已离平，先严《饮冰室合集》版税，前在平局领取，现拟改在天津中华书局领取，敝庐住址为天津意租界西马路廿五号。原用长方形鉴“梁思成”（注：印鉴长方形，一行三字，篆书），改用“梁思成印”（注：印鉴方形，二行，行二字，隶书）。除另函通知周支山先生外，敬希先生通知津局方局为荷。琐事渎神，不胜感谢。

耑此，敬颂

撰安。

梁思成敬上

廿六年九月十五日

1937年11月23日，梁令娴致舒新城函曰：

新城先生台鉴：

敬启者，舍弟思成已迁居长沙，临行间曾函请将版税转由津局付交。昨往领取，称尚需接总局函始办。现津舍需款甚亟，请先生即函知津局照拨，是为至感。若有示覆，请直寄天津意租界西马路廿五号梁公馆收转为盼。兹将北平贵局回信寄阅，请查照。专此，敬候

大安。

梁令娴谨启

十一月廿三日

1938年1月29日，梁思成致中华书局函曰：

敬启者：

鄙人先父梁任公之版税凭摺已填满，祈贵局另发一新摺为荷。此致

中华书局台照。

梁思成代

一月廿九日

《合集》出版，纸贵洛阳。然《合集》毕竟量大，普通读者因价昂而却步，“文集”十六册定价十六元，“专集”二十四册定价二十四元，全四十册，定价四十元。据相关资料统计：1933年，上海双职工家庭月收入40馀元，技术工人、小学教师、医护人员等家庭月收入50馀元；中级职员、工程师、中学教员、医生、记者、作家、律师等家庭月收入在100—200元左右。可见欲购一套《饮冰室合集》，确是一笔重要开支。1935年，上海金价为77—96元/两，一套《饮冰室合集》差不多半两黄金。按2012年6月26日黄金价格计，半两黄金价为8090元人民币。而近日据1936年版重印之《饮冰室合集》，中华之定价为880元/套。

是故有1936年11月9日，舒新城致陈叔通函，商量选编《饮冰室粹言》，以满足普通大众之需求。函曰：

叔通先生：

《饮冰室合集》出版以来，欢迎者甚多，但因分量较大，定价自不能过于减低，因之无力购买者亦所在多有。鄙处刻经商酌，拟请先生另编《饮冰室文粹》或《饮冰室全集选粹》，以一百万字为度，约一千页，庶对于无力购买全集者，可收轻而易举之效。内容除就文集选择外，其《合集》中如中外传记及其他短篇有精采者，似亦可酌量采入。此种办法，极荷赞同。当乞酌夺示复为荷。

专此，顺颂

著祺！

弟舒新城上

廿五年十一月九日

按，所谓“约一千页”，仅为《合集》之十一分之一，则其定价自可降至普通人所能接受者也。

1936年11月13日，陈叔通致梁令娴函曰：

令娴贤世媛鉴：

《粹言》为图利起见，如可，则先与谈版税。问题一通，再由弟与宰平先生商择，均非弟一人所敢私成。现在版税，与津宅日用，不无补助，能多销，则版税必可多增，亦俟思成归后商妥示知为荷！原信请暂留，一并交思成阅过，再附还。专颂

俪安！

陈叔通拜手

廿五、十一、十三日

1936年11月26日，陈叔通致舒新城函曰：

新城先生阁下：

前奉手示，即函催思成，顷知已赴山西，归平当有复也。《年谱》以王君属赵某所编长编实不妥，故改托宰平

先生重编，与其草率出版，不如郑重《粹言》。为销路计，或可更畅，须与宰平一接洽，弟意似仍须予梁氏以版税。梁氏姨太太一方尚有小儿女学费，今年通易倒闭，受害甚大，版税不无小补，故以附商。再，弟意不妨分为政论、史学、财政，各成《粹言》，凡题跋、诗词等均不取。《历史研究法》销路甚大，尊处格于商务之约，不得单行，可置史学类中，亦取巧之一法。分类《粹言》即无异文集，其专集既单行，即不必再采入其中，实以史学、财政及政论为人之欲读者，未知尊意何如？倘彼此商定，即贵所中人编之，亦可不必再觅人编也。专颂

台安。

弟陈叔通拜手

廿五、十一、廿六

1937年1月3日，陈叔通致舒新城函曰：

新城先生阁下：

前送呈梁思成致尊处一函契约，即封入在内，惟函中于《粹言》事亦提及否？弟意如须选印，或除专集及序跋、诗词外检交一分，以便于所选者摺出，凡已过去事实议论皆不录，则分量似不多，若再分类，如财政、历史等则购者各从其类。分量更可减少，即无异使非专集亦变为专集也，于销路可加畅。梁氏版税不无小补，诚为两得。弟愿效劳而

不出名，仍以贵局编辑人出名为妥。尊意以为何如？

专颂

台祉。

弟陈叔通拜手

廿六、一、三

1937 年 1 月 8 日，陈叔通致舒新城函曰：

新城先生阁下：

奉手复，《粹言》事再致函思成兄，如选编，弟可不受值而效劳，裴子则须受值也。尺牍承兄印，至感。先以各人传目呈览，俟交下再照目检送尺牍。故传目仍足交还，契约并交尤盼。专颂

台祉。

弟陈叔通拜手

廿六、一、八

1939 年 5 月 19 日，陈叔通致舒新城函曰：

新城先生阁下：

前奉大函，即催询梁思成，至宁无复，或不在平，又函其姊令娴女士矣。《饮冰粹言》以泪眼久未愈，比才翻阅，似除专集（可单行卖）分量已无多，若再删，即须另

排另印。为买卖计，总不如囫囵印行为妙。且过去之文字有时亦可供查考，未知有当否？《冬暄草堂尺牍》照相已竣事否？至今原册未交下，可否催询？特以附渎。专颂台安。

弟陈叔通

廿八、五、十九

“于销路可加畅”、“梁氏版税不无小补”，有两得之便，故陈氏“愿效劳而不出名”；然抗战发生，时局不定，“泪眼未愈”，迁延多时，专集有售，重编必至重排，重排犹须另印，盖“为买卖计，总不如囫囵印行为妙”，所谓“过去之文字有时亦可供查考”云者，即 1937 年 1 月 3 日信中“凡已过去事实议论皆不录”，再“各从其类”，“分量更可减少”，如此，不仅操作便捷，且易于销售。殆困于时局，《粹言》事商之两年半，终至搁浅。

四、与商务印书馆、世界书局之版权纠纷

中华书局 1916 年出版“梁任公手定”之《饮冰室全集》时，曾与商务印书馆就版权问题产生过纠纷。

早在 1916 年 9 月 1 日、5 日，中华书局曾于《申报》连续刊登版权保护声明，谴责普新书局将出版《梁任公文萃》样本中一半文字采自中华《大中华》杂志，并向上海

会审公堂提起诉讼。声明末载：

《大中华》杂志版权完全为本局所有。《庸言》报版权在债务未清之前，版权亦为本局所有，无论何人翻刻剽窃，本局定必追究。

其实，此声明为针对商务印书馆而发。因商务拟于同年9月底出版任公自编之《饮冰室丛著》，该书收录有任公发表于《大中华》《庸言》报上之文章。与此同时，中华亦刊登广告，准备于月底出版任公《饮冰室全集》。

按，一、任公与中华签订主编《大中华》合同时，曾口头声明自刻文集时，其中文字可以编入。而负责编辑接洽事务的中华理事王仰先含糊应允，谓“将来总可商量”。二、任公因《庸言》报而借中华三千元，还款之前，版权归中华所有。为抢得出版权，商务多次上门与任公商谈，愿通过律师交涉，代偿任公向中华所借三千元以赎回《庸言》报权，或将《庸言》归于商务。中华当然不能坐视。1916年9月14日，中华负责人伯鸿先生为此特访商务张菊生，出示《大中华》《庸言》与任公所订契约，并曰：

《大中华》文字，任公自刻文集，可以编入之说，契约上并未载明。当时系口头声说，王仰先含糊应允：“将来总可商量。”此时在法律上不能有效。为尊重彼此版权起见，最好彼此商托。商务必须采用《大中华》文字，须有相当办法，可作为中华“特别允许”。

鉴此，张菊生以为“商务并无干犯中华版权之意，任公自行编辑，与商务无关”，且“任公既经声明在先，当然占有著作权之一部分”。是月24日，张菊生紧急访任公，任公出示与中华所订《饮冰室全集》合同，并称中华已经复信允许其自编文集及采用《大中华》文字。于是，张菊生请任公于中华契约上声明：“系自行编纂，交商务印书馆发行，中华书局丝毫不得有所侵犯”云云，任公允为照办。又言及《庸言》报事，张菊生以为若赎回，商务愿为交款；任公以为不必，并谓该报于商务未必有用。

时任公新当选中华董事，后经中华伯鸿先生、王仰先与商务张菊生多次协商，从彼此尊重版权出发，妥善解决纠纷。纠纷遂息，中华《饮冰室全集》、商务《饮冰室丛著》于是年9月底，同时出版发行。

任公过世，林宰平负责《饮冰室合集》之编纂。期间，中华就任公著作版权一事，与商务、世界等多有交涉。

1931年11月10日，陈叔通致伯鸿先生函曰：

伯鸿先生阁下：

又久违教，昨接林宰平先生函，送览，想周君亦有函请示。商务所印零种，当由弟往商结束契约，第二条当不

生问题。原函仍求付还。专颂
台祺！

弟陈叔通

十一月十日

1932年11月17日，梁思成就张旭光编《梁任公文选》事，致函舒新城曰：

新城先生：

十一月三日华字二二六二号来示敬悉。先严全集既经弟与贵局签订合同，由贵局出版，则其任何部分，不得由任何他人擅印。张旭光君《梁任公文选》，当然不能印行也。此后如更有此项情形发生，即请由贵局与以拒绝。如有擅印发行者，则须求法律之保障也。耑此奉覆，并颂
台绥！

梁思成谨启

廿一年十一月十七日

按，张旭光不知何许人。查诸相关资料，曾编有《大战史料汇编》《中华民族发展史纲》等。另有《梁任公文选》，上海文化书局，1934年出版，未审是否即此张氏所编。

1935年11月11日，陈叔通承梁思成之托，就世界

书局拟出版盘自广智书局之任公著作，致舒新城函曰：

新城先生阁下：

久未晤教。荷接梁思成兄来信，属弟代表与世界接洽与贵局纠纷之事。弟接函后即将思成兄委托代表信送去，弟加一信，信内即照思成兄寄来先生代拟之稿。叙入已今有一星期之久，现不来约，又不示复，或系词穷，即无证据可知。特将弟去信录奉，乞台洽倘有信来约，或来信当再与先生接洽。专颂

台安！

弟陈叔通拜手

廿四年十一月十一日

后附陈叔通《致世界函》(钞录件)：

敬启者：

顷接梁君思成来函，内附致贵局信一件，属为转呈，并商洽种切。据思成君致弟函，内有“先公著作，早年均委广智代发行，但从未将著作权让渡，故《饮冰文集》《饮冰自由书》《意大利建国三杰传》《德育鉴》《中国之武士道》等，早年均曾有广智出版。复于民国四五年，《全集》交中华书局出版，专著交商务印书馆出版，并由中华、商务代先公为著作权注册，广智均未抗议，可见广智根本未买得著作权也。

广智盘与贵局，只能盘存货，不能将他人著作权盘让”若等语，先以奉闻。弟不能任代表，但可以代邮使，如能得期面谈，似较笔墨往还为简捷。还乞示复为荷。

十一月九日

按，所谓广智书局之任公著作，指《（分类精校）饮冰室文集》（精装二册），光绪三十一年十一月订正第三版，三十四年五月订正第五版。1898年底，康、梁以“保皇会”名义、用股份制方式，向港澳华人、北美和大洋洲华侨出售股票，集资后于上海创办广智书局，地设棋盘街中市。任公以供稿作为“技术股”，占股份三分之一，任总负责，在海外遥控运作。上海则由冯镜如任经理，与何澄一（天柱）负责管理日常事务。后于北京琉璃厂设有分局，出版各类文史专著，以及小说、教学参考书等。至1925年停业，业务分别盘与广益、世界两书局。

1935年11月29日，陈叔通致舒新城函曰：

新城先生阁下：

弟前接电话后，即正式函梦旦先生，请其转致，函内要点二：（一）前有文库内《陶渊明》、《历史研究法》、《清代学术概论》三种，照旧印入，但不售单行本；（二）除上三种外，概不印行。顷高梦旦先生复函，则云：先生已与王岫庐谈过，似贵局毫无问题。弟未克多事，贵局无问题，弟即不便再谈。梁氏固无问题，问题原在贵局。究竟商务九种，照旧印行并印单行本，贵局有无问题？请先生直接与岫庐一谈。梁氏无可无不可也。高函附上。专颂

台祉！

弟陈叔通拜手上

十一月廿九日

后附1935年11月28日，高梦旦致陈叔通函曰：

叔通先生大鉴：

奉手书，当即转告王君岫庐。言上星期二与舒君新城在银行公会聚餐，告以馆中所拟对于梁著办法，并谓此系根据盛君同孙在日与中华商定之结果。而更让一步者，舒君称版权问题由梁氏自理，即加入《合集》之种类，亦由梁氏自定，中华并无成见。渠个人亦认所拟办法颇为允当。次日，舒君又来电话，仍言梁氏如不反对，中华并无问题。鄙意，所拟办法对于中华印行《合集》并无阻碍，而与梁君思成"传播先人著作之宗旨，亦复相合"等语，特此奉达。敬讯起居！

高梦旦

二四、一一、二八

《饮冰室丛书》及《饮冰室文集》类编两种，于该局发售《文集》预约时停售。（一）所临碑帖两种，无问题；

（三）除（一）项两种外，单行本可否继续发售，此节并面加解说，在鄙意似无问题；（四）万有文库本照常；并告以版权关系，须订约或换信。

二四、一一、一九

1935年12月5日，陈叔通致舒新城函曰：

新城先生阁下：

弟代表梁氏，梁氏则但虑贵局或因商务六种照旧印行，于《合集》及单行本有碍销路，若如来示，则《陶渊明》、《历史研究法》、《清代学术概论》，商务均可加入万有文库，并可单行。贵局除印入《合集》外，不印单行本，自较弟提出者在商务为满意，梁氏亦不复有异词。弟以为以上三种单行，贵局必不允许。弟为多事矣。一笑。专颂台祉！

弟敬拜手上

五日

1935年12月1日，陈叔通致舒新城函（已见前），舒新城批除购书折扣事宜外，另有一句曰："《饮冰室合集》版权事，正与王云五君接洽。"

1935年12月16日，商务总经理王云五致舒新城函曰：

新城先生大鉴：

奉本月十二日手书，敬悉一是。任公遗著《清代学术概论》《历史研究法》正续编及《陶渊明》三种，敝馆照旧出版，贵局只加入《合集》，不另印单行本。敝馆所印除前三种外，其馀任公著作以存书售完为止，自愿放弃版权不再重印。兹将存书数目开单奉阅，其各书注册执照，经一二八之难，大都付之劫灰，事后整理此数种中，仅存有《墨子学案》一种，计第四五七号执照一纸，随函附上，即希察收。其馀各种已于本年六月间呈请内政部补领注册执照，至今尚未寄到，容俟到后，即行送上。至于各书契约，当时仅订有总合同，不便分拆，即请以此次交换信为凭可也。专此奉复，敬颂

台绥！

商务印书馆总经理王云五

二十四年十二月十六日

任公著作存书数目清单

墨子学案	壹千伍百捌拾贰本
墨经校释	壹千零柒拾伍本
曾文正公嘉言钞	壹千伍百零柒本
大乘起信论考证	捌百柒拾伍本
梁任公学术演讲集一辑	壹千叁百叁拾玖本
梁任公学术演讲集二辑	柒百贰拾伍本

梁任公学术演讲集三辑　　壹千伍百叁拾肆本

商务印书馆钞

二十四年十二月十六日

1936年1月8日，王云五致舒新城函曰：

新城先生大鉴：

兹续送上任公遗著《墨经校释》《曾文正公嘉言钞》《大乘起信论考证》及《讲演集》一、二、三辑注册执照五纸，即祈察收示覆为荷。专此，祗颂

撰祺。

王云五

二十五年一月八日

按，舒新城批曰："将此信录寄陈叔通。"

1936年末，伯鸿先生有与梁令娴函，论及购买"纸版"事宜，后梁令娴致伯鸿先生函曰：

伯鸿先生大鉴：

奉华字二〇二号大示，一切均悉。因于夏历岁杪回津度岁，迳留半月，故未即作覆为憾。纸版全份存天津，已经查视一过，完全无缺。版权酬价，虽觉略少，然今国难方殷，文化摧毁，将欲保存，不妨奉让。所有一切手续，应如何办理，请即寄知。一俟办妥后，即请遣人持函至津

梁宅领取纸版可也。耑复。敬候

大安！

梁令娴启

二月十二日

因梁令娴函中未言及中华所欲购买之“纸版”为何书，而伯鸿先生之信札并相关档案一时未检得，估计是任公主持之某一期刊之“纸版”。从中似亦可反映，中华对于任公著作及其相关资料之重视。

五、有关《梁任公先生年谱长编》出版前后

1929 年 1 月 19 日，任公逝世。当时亲属故旧商议两事：一，编辑《饮冰室合集》，由林宰平负责；二，编任公年谱，为任公传作准备，由丁在君负责。丁在君挽任公曰：“生我者父母，知我者鲍子。在地为河岳，在天为日星。”足见两人关系非比寻常，故有此托。

因公开出版之资料，由林宰平负责整理，故年谱之编纂，即以未曾公开出版任公之私人信札为主。1929 年 7 月 8 日，丁在君与胡适之函曰：

自从我上次写信以后，又收到许多极好的材料。任公的信，已有二千多封！有用的至少在一半以上。只可惜他家族一定要做《年谱》，又一定要用文言。我想先做一个

《长编》，敷衍供给材料的诸位，以后再好好的做一本白话的“*Life and Letter*”。

此后，因丁在君工作忙乱——1930年曾率团往西南地区进行地质考察，次年秋就任北京大学地质系研究教授，地质教学与研究工作颇为繁重，无暇年谱之纂修，不得已，只好另觅助手。经顾颉刚先生介绍，1932年暑假，赵丰田“到北京图书馆正式接手此项工作”，据赵丰田回忆：

当时已经搜集到的梁启超来往信札有近万件之多，这是编年谱的主要材料。此外，还有梁几百万字的著作，以及他人撰写的有关梁的传记。要把这么浩繁和杂乱的资料疏理清楚，并编辑成书，任务是比较艰巨的。好在丁文江对此已有了比较成熟的意见，向我强调了下面几个主要之点：一、梁启超生前很欣赏西人“画我象我”的名言，年谱要全面地、真实地反映谱主的面貌；二、本谱要有自己的特点，即以梁的来往信札为主，其他一般资料少用；三、采用梁在《中国历史研究补编》中讲的编辑方法，平述和纲目并用的编年体；四、用语体文先编部年谱长编。这最后一点与梁家的意见不同。梁的家属主张编年谱，并用文言文。丁文江觉得重要材料很多，先编年谱长编，既可以保存较多的材料，又可较快成

书。他又是胡适的好友，很赞成胡适提倡的白话文运动，所以仍是坚持用白话文。(《梁启超年谱长编·前言》)

至1934年秋，编出第一稿，钞成二十二册，约一百馀万字，此为年谱初稿。1934年6月，丁在君就任中研院总干事后，赵丰田亦于次年初自北平移居南京中研院，就近丁氏，便于工作，赵氏对第一稿“进行删削”。

1935年5月8日，丁在君致函陈叔通，请之联系中华，希望《梁任公先生年谱长编》交由中华出版：

叔通先生：

《任公年谱长编》不日可以脱稿，编者赵君丰田总算很卖气力，惟地隔南北，江不克常与接谈，将来整理审查，最好江与赵君同居数月。但赵非可闲居之人，江亦再无从供给，不知可否由先生向中华一商，将来年谱由该局出版，事前(本年八九月间)先支版税二三百元(能多当然更好)，以供赵君来京路费及食宿之用。年谱目录字数，不日当钞寄。专此，即颂

大安!

丁文江顿首

廿四、五、八

1935年5月21日，丁在君致舒新城函曰：

新城先生足下：

在申晤谈，承允为《任公年谱》设法出版，至为感慰。兹就前日所谈各点，拟具办法如下：一、《年谱长编》系赵君丰田拟稿，计共为五十万字，字数过多，应详加删节，方可出版；兹拟假定年谱字数为二十万（最多二十五万），于最近期中请赵君来京，与弟会同，着手删节。二、预计删节工作，应可本年内完成。三、拟请中华书局预付版税洋八百元（六月初付一半，九月初再付一半），为钞写费用及赵君数月薪水。四、出版时期，一听中华酌定。以上各节统祈查照，赐覆为荷。此颂

大安！

弟丁文江顿首 号在君

五月二十一日

按，舒新城批曰："如能于年底交稿，拟与《全集》同售，定明年六月出版。版税照任公全集办理。"

1935年5月26日，舒新城致丁在君函之大旨曰：

任公年谱

（一）分量希望不超出十万字；

（二）本年底交稿；

（三）六月初付版税四百元，九月初再付四百元；

（四）出版期交稿后再定；

（五）版税率照任公全集办理，10%。

按，此为舒新城1936年7月、1947年2月自查档案所做之笔记记录。

1935年6月7日，丁在君致舒新城函曰：

新城先生赐鉴：

接奉五月二十二日编字第一三三六号大函，藉悉一切。承示版税，六月初可付肆佰元，甚盼能早日赐下，以资应用。专此，即请

撰安！

弟丁文江顿首

六月七日

按，舒新城批曰："即汇。"

1935年9月4日，丁在君致舒新城函曰：

新城先生足下：

《任公年谱》版税事，前曾约定分两期支付，于六月初付肆百元，九月初再付肆百元。现九月已届，甚盼将该款早日惠下，以资应用。专函奉达，顺颂

著安！

弟丁文江顿首

廿四、九、四

按，舒新城批曰："照付。"

1935年9月11日，丁在君致舒新城函曰：

新城先生大鉴：

九月五日大函奉悉。第二次预支版税洋肆百元，已于今晨由贵局京分所送来，如数收讫，并给与收据一纸。知关廑注，特函奉闻。专此，即请

著安！

弟丁文江顿首

二十四、九、十一

1936年1月5日，丁在君因煤气中毒而死。次日，陈叔通即致舒新城函曰：

新城先生阁下：

丁在君兄病故。《梁任公年谱》前曾向贵局预支款项，为钞编之费，应有订定契约，如何情形，乞详示或将契约钞下。弟等拟改由林宰平先生接办，或即以《长编》先印，惟《长编》又恐字数太多，成本较重。尊意如何？专颂

台祉！

弟陈叔通

廿五年一月六日

之后，由翁咏霓“接替主管《梁谱》编辑工作”。1936年2月20日，陈叔通致舒新城函曰：

新城先生阁下：

昨接思成信，弟已复以“私人的”三字，不足以为重印或拆除之理由。原信姑奉上，仍乞掷还。任公先生《年谱》事，已由翁咏霓先生接手办理，惟属弟转问，能否再由贵局垫款，亦未说若干，大约有限。乞示复为荷。

弟陈叔通拜手上

二月廿日

1936年2月21日，陈叔通致舒新城函曰：

新城先生阁下：

连日奉上各缄，想荷詧入。顷翁咏霓先生来信，任公先生《年谱》，尊处前垫八百元之外，尚需五百馀元，可否再拨五佰元，交弟转汇？乞台酌。三月底可成书矣。专颂。

陈叔通拜手上

二月廿一日

1936年2月29日，陈叔通致舒新城函曰：

新城先生阁下：

奉廿七日手书，谨悉。契约已寄梁思成，至今未复，思成或不平也。垫款一千三百元，发版税时即可付入，何如?《年谱》已有咏霓兄印若干本，部分交各处覆核，限七月十五日交齐，第一分已交。卷中有先生致任公各书，弟已将有关碍处节删，他日先生再一自校阅可也。专颂
台祉！

弟陈叔通拜手

二月廿九日

在翁咏霓负责下，于是年5月，完成第二稿，约八十万字，此即为《梁任公先生年谱长编初稿》，当时“油印五十部，每部装成十二册，发给梁的家属和知友作为征求意见之用”。胡适之《梁任公先生年谱长编序》曰：

在君死后，他的朋友翁咏霓把这部没有经过最后整理修改的初稿本油印了几十部，送给任公先生的家属和朋友，请他们仔细审查一遍，附加评注，然后寄回。

1936年6月7日，陈叔通致舒新城函曰：

新城先生阁下：

《年谱》契约能即先由贵局拟就，交与梁思成否？抑待交稿后再商？专颂

台祺！

弟陈叔通拜手

六月七日

1936年11月5日，陈叔通致舒新城函曰：

新城先生阁下：

前奉手示，即询思成，顷得来信，呈阅。仍乞发还。此颂

台绥！

陈叔通拜手

廿五、十一、五

按，舒新城批曰："约仍请先订，以此间付去编辑费。无此约，不交帐也。"

同日，陈叔通致梁令娴、梁思成函曰：

令娴世媛、思成世台同鉴：

接令娴十月廿六日、思成十一月三日两书，均谨悉。《年谱》底本，确不满意。赵君未克负在君委属之意，后

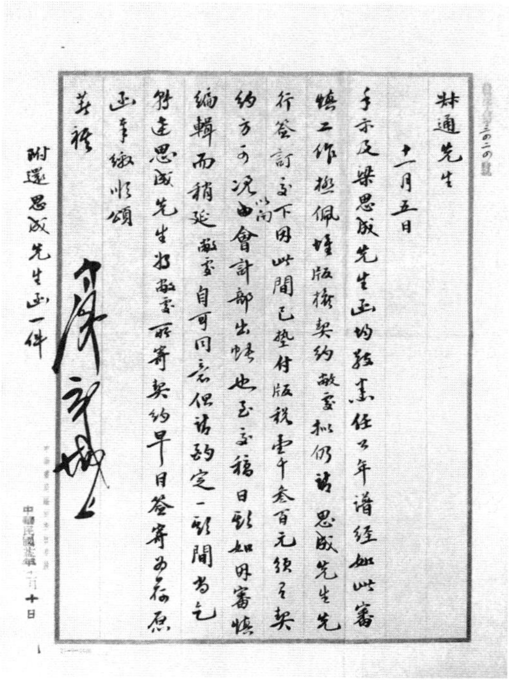

叔通先生

十一月五日

手示及梁思成先生函均敬悉任公年譜經如此審愼工作極佩惟版權契約敝處擬仍請思成先生先行簽訂至下因此間已墊付版稅壹千叁百元須立契約方可況由會計部出帳也至交稿日期如因審愼編輯而稍延敝處自可同意但請約定一期間為之轉達思成先生將敝處所寄契約早日簽寄為荷原函奉繳此頌

著祺

舒新城

附還思成先生函一件

中華民國 年 月十日

舒新城致陈叔通函

尤草率。花钱不少，可以请一位比赵君高明得多的人矣不难。弟阅第一本，当以为大致不差，愈看愈不对，始主张宰平总阅。实知赵君亦不足以了此事也。弟盼速成，但亦不愿草率。适之六纸已于新六处见及，兹仍附还。可删可改，当不止此。弟与张菊生先生合阅一册，删改甚多，已由咏霓兄寄至宰平处；秉三处一分，昨正催之，亦有改正。思成政治学问与个人生活相辅相错，互相托衬，出全个思想与人格两句，极是之。“相错”两字，尤妙。由晋返，仍望努力为之。新城处已转致。思成早复我数字，即不至怀疑也。专颂

怡怡！

敬拜手

十一月五日

1936 年 11 月 10 日，舒新城致陈叔通函曰：

叔通先生：

十一月五日手示及梁思成先生函，均敬悉。《任公年谱》经如此审慎工作，极佩。惟版权契约，鄙处拟仍请思成先生先行签订交下。因此间已垫付版税一千叁百元，须有契约方可以向会计部出帐也。至交稿日期，如因审慎编辑而稍延，鄙处自可同意，但请酌定一期间。当乞转达思成先生为鄙处所寄契约，早日签寄为荷。原函奉缴。顺颂

著祺！

弟舒新城上

廿五年十一月十日

附还思成先生函一件。

1936 年 11 月 13 日，陈叔通致梁令娴函曰：

令娴贤世媛鉴：

七日发一函，计已詧入。兹接舒新城兄两信，均寄上。契约似以签寄为是。思成归时，促之，有付帐关系，无契约则所垫一千三百元无根据也。原信请暂留，一并交思成阅过，再附还。专颂

俪安！

陈叔通拜手

廿五、十一、十三日

按，陈叔通批曰："任公年谱，同人意仍须请宰平覆核，兄务请转告令娴、思成，千万到宰平处，再面恳之，并属其将兄弟姊妹生年月日开去。在君搜集材料甚多，属赵姓编作《长编》，大致当可，然增删处极费斟酌，同人已去信恳托，梁氏非去面托不可。"

自任公过世至 1936 年 5 月，完成第二稿《梁任公先生年谱长编初稿》，油印五十部分送诸人，期间究有多

少情况，外人几无所知。幸20世纪60年代初（估计是1963年初），赵丰田有留下回忆文字曰：

（1）信札原件（约六千通），绝大部分为副本，馀信手稿（电稿仅此），这批资料不在台湾；发表过的文字，主要根据乙丑重编本《文集》（当时《合集》未出版）；笔记之类的材料，亦皆传钞副本；他人发表过的文章和有关事实的陈述，则分别根据其原书原文而成。以上为第一批原料，该项原料本身（主要指钞副本）已存在着一些错漏字句。

（2）根据上述各项资料编成了一套资料汇编（或称长编之长编），装定为二十二册，基本上全部按年排列，中加简单说明联系的文句。这份资料共三部，第一部系墨笔钞本（现在北京，誊写员所钞），馀二部则据第一部用晒兰纸印成者，可能台湾有一部，但估计"台本"并未据此本校订。这套资料约多于《长编》百分（之）三十上下。在誊写员钞录过程中，又出现一部分错漏字句，似较上述副本中的还多些。

（3）根据上述资料又编了一部《年谱长编》，分量约达前者十分之七。这部长编稿本是用墨笔钞成的，在这次编钞过程中，改正了一部（分）错字，可能又产生了一些错字。这部稿本可能在台湾。

（4）现在流行的油印十二本的《年谱长编》（初

稿），是根据上述稿本用蜡纸刻印的，在刻印过程中，又产生许多错漏字，其数量可能较前三次更多。

从中可知，《长编》成书之过程：长编材料（今已不见）→长编之长编（今存）→长编稿本（可能在台湾）→长编油印本（流行于世）。

1947 年 2 月 11 日，陈叔通致舒新城函曰：

新城先生鉴：

抗战后未晤教，想台候胜常为颂。兹有商陈者，《冬暄草堂师友笺存》原有版税著作人减价优待卅部，亦未满，拟一切抛弃，由贵局酌量赠与若干部（廿部何如），未知可行否？又，《梁任公年谱》已由林宰平先生编就，能否仍续前议印行？以前是否已有议定？条件不复记忆，统以奉询，盼即示知为荷。专敬

道绥！

弟陈叔通拜手上

二月十一日

按，舒新城批曰："可照旧议收印。惟稿挤，出版期不能定。"后附舒新城整理历年记录曰：

任公年谱

廿四年五月廿六日	函丁在君。
24.6.8	预付版税四百元。
24.9.5	又付四百元。
25.2.22	又付五百元。
	共付过一千三百元。

廿五年六月十日，由梁思成先生签订，共示359号，共有契约，版税10%。同年十一月廿七日，叔通先生来函，谓全稿已改请林宰平先生重编。

廿六年四月廿一日，曾函叔通先生，请将全稿交下，得复，谓向思成先生催询。

此后战事发生，迄未想及此事。

卅六年二月十二日查

赵丰田就上海图书馆所藏“油印本”曰：“从陈叔通先生赠给上海图书馆的那部《初稿》上可以看出，直到1948年，征求修改意见的工作仍在继续进行。这部《初稿》上面有梁启超生前好友陈叔通、何天柱、贾毅安和亲属梁启勋、梁思成、梁思顺批注的文字数十处，提出应予删改的资料数百处。”

此书之出版，因战乱及编纂未能令人满意故，一直拖延。陈叔通所藏之“油印本”，盖在其北上入职中央人民政府委员会委员、全国人民代表大会常务委员会副委员长之前，捐赠上海图书馆。而中华书局亦于1954年实行公私合营，改组成立为财政经济出版社，总部迁往北京。

早在1956年11月，台北“中研院”为纪念丁在君逝世二十周年，承董彦堂之助，借出史语所藏《年谱》“油印本”，台北世界书局杨家骆愿“出资重钞，代为出版”，于1958年正式面世，卷首有胡适之《序》、丁文渊《前言》。

1961年10月期间，中华书局近代史组组长李侃赴武汉参加辛亥革命五十周年纪念活动时，曾与复旦大学胡绳武、金冲及言及《梁启超年谱长编》之整理事。后11月3日，中华书局近代史组遂有致胡绳武、金冲及函曰：

绳武、冲及同志：

《梁启超年谱长编》，外间要求颇急，我们计划在明年出版。前次李侃同志在武汉开会时，曾向您们说及此事，并蒙同意担任校订、增补工作。刘德麟同志对整理工作提出的初步意见，也已送请参阅，未悉尊意如何？可否在近日内将您们对这一工作的具体意见（整理方式、完成时间、是否需要补充材料、如何增补等等）见告，以便商量。

又，请您们两位撰写《梁启超》一书，亦请概允。今后需要协助之事正多，切望不吝赐教，并随时给以指导为盼。

敬礼！

近代史组

此函拟稿人：钱炳寰，会签人：俞筱尧，签发人：李侃。

1961 年 11 月 22 日，胡绳武致李侃函曰：

李侃同志：

因为带同学赴崇明劳动半月，回来后才看到你的来信，未能及时覆信，希谅。

关于整理《梁启超年谱》事，我已与有关同志商计过，目前他们正在起草整理计划，待完成后即寄上，请提意见。

专此敬覆。即致

敬礼！

胡绳武

1961，11，22

此信，11 月 27 日收到，李侃批曰："1961，12，6，李复。"

1961 年 12 月 1 日，胡绳武致李侃函曰：

李侃同志：

兹寄上我们教研组陈匡时同志起草的"关于重印《梁任公先生年谱长编初稿》的补充意见"（系指对刘德麟同志原草案的补充），请你们提意见，并对今后如何具体进行工作，予以指教为何。

专此，即致

敬礼。

胡绳武

十二月一日

对重印年谱的一点补充意见

一、底本问题。增加上海图书馆所藏修改本（油印）作校补用。具体做法，仍用油印本为底，若上图藏者有删者不删，有增者则视参考价值大小予以全录或摘录，添入页注。这样，在内容上更为充实。上图修订本系陈叔通先生所赠，有梁的后人及同时代亲朋辈眉批、夹注和题跋，所以对于油印本初稿的错误和失实处，会有进一步校正。

二、删节与否？年谱□□□天有参考价值的内容不少，但所关系张的内容也有许多，要不要删节，是会提出来的。从主要是供研究工作者参考和使用来看，我们认为还是保留年谱本来面目为宜，仅作一些技术上的改动。另外，删节的要求与界限也极难划分与掌握，弊病较多。

三、一些政治问题。原建议所提年谱中的反共和民族问题，是否会涉及现实的政治影响或梁的后人是否同意重印？我们认为这一部分正是研究梁的政治活动和思想发展关系较大，而且也是年谱中比较重要的部分。如果考虑删节，则年谱使用价值就会降低，研究工作者也不得不重新利用年谱油印本，进而使重印的目的也会部分的达不到，形成研究者又要交叉地使用重印本与油印本的困难。这一点，请考虑。至于梁后人是否同意。我们要说，油印本已在使用，这些观点已客观存在，而且重印后阅读者仍是有一定阅读范围，想来不会有什么阻力。

四、建议直排。因为有书信中夹注及页注等，排版较复杂，同时一般古籍是否照顾习惯?

五、附录问题。(略)

中华书局编辑部对“三、一些政治问题”批曰:“要请示。”对“至于梁后人是否同意”批曰:“要考虑。”对四、五也都有批注。

1961年12月9日，近代史组致胡绳武函曰:

绳武同志:

十二月一日给李侃同志的信，附来您处陈匡时同志起草的“关于重印《梁任公先生年谱长编初稿》的补充意见”已收到。上次给您的那份原草稿(即刘德麟同志所拟的底稿)，因为我们没有钞存，拟请先行寄还，以便商量后再向您请教。费神致歉。并致

敬礼。

近代史组

可惜，今档案中未能发现刘德麟所拟的意见原稿。

1962年3月8日，陈匡时致李侃函曰:

李侃同志：

关于年谱问题，自您回京后，我们一直在等候您把油印稿和台湾（本）寄来，再进行。

刚从绳武同志处看了您的来信，我们商量之后，认为油印稿只有残本（不全），又不能□□，而台湾本从未见过，所以若要整理“年谱”，缺失需要你们将上述两稿见寄。不知您的意见如何？致请早日复信。

此致

敬礼。

陈匡时

3，8

李侃批曰：“德麟同志：你看，可否寄去？李侃。3/12。”刘德麟批曰：“油印本可寄去。台湾本在黎澍同志处，是否可索回寄去，请审核。（我认为，既然请他整理，寄去也无妨。）德麟。”

1962 年 3 月 13 日，近代史组致陈匡时函曰：

匡时同志：

您给李侃同志的来信，已收到。兹遵嘱将《梁任公先生年谱长编初稿》的油印本（十二册）和台湾本各乙部寄奉，即请检收。并请从速着手整理，力争在上半年完成才好。

又，这两部书，切请妥善保存，用毕即行寄

回。在油印本上进行整理加工，亦请保持整洁，以免污损。

专复，并致

敬礼。

近代史组

1962年5月18日，近代史组致胡绳武函曰：

绳武、匡时同志：

前接来函，嘱将《梁启超年谱长编》油印本及台湾世界书局本寄申，已于　月　日挂号寄奉，想早蒙察收，并已着手整理。迩来已进行多少？如何进行？便中尚希示知，俾可安排发稿时间。如能将加工好的先寄一部分来，更是企盼。

汤志均同志最近来信，提到上海图书馆藏有徐勤、何擎一等浮签批注过的梁氏年谱（此事您们也曾谈及过），建议补入。我们认为最好作为脚注，而不动原文。这仅是初步意见，提供参考，如何？盼告。此致

敬礼。

近代史组

此信起草人：刘德麟，签发人：卢文迪（代）。事由："询问《梁启超年谱长编》整理进程。"

1962年7月4日，陈匡时致近代史组函曰：

中华书局近代史编辑组同志：

来信收到了。《年谱》整理工作已在进行，预计全部工作定能在年内完成。

整理工作是依李侃同志来沪时所指示几点进行的，严格遵守保持《年谱》原来内容这一原则。

目前整理中有二个问题，请答复解决：

（一）附录要求有一个著作目录的内容，应包括哪些？……

（二）某些编辑体例上混乱地方的删改问题。……我在校勘开始时，照这样做了，但心中想到这样一个问题：因为“有删改”，研究者将来使用时就势必产生“不放心”的感觉（目前古籍整理工作亦有存在着删改得不很恰当的例子，影响这种看法），若“不放心”这种“删改”，而去查原油印稿，岂不更使他们增加不便。所以觉得这“删改”的地方虽无关紧要，但是否太好，原编者（赵丰田尚健在）及谱主家属、朋友是否有意见，这一点也要体察。

此致

敬礼。

陈匡时敬启

1962，7，4

1962年7月18日，近代史组致陈匡时函曰：

匡时同志：

四日来信收到，兹奉覆如下：

（一）原要求编一梁氏著作目录作为本书附录，既嫌庞大而又不易全面，可如尊意，不必另编。

（二）关于原书中双重出注，仅取其一，我们以为这并不能算作删改，如在“出版说明”中加以交代，似亦不致使读者“不放心”，未知尊意以为然否？至于赵丰田先生处，当由我处去函，您处如尚有其他问题需和他相商者，请一并告知。

（三）上次信中拟请将上海市图书馆藏本中陈叔老等批改之处作为页末注（脚注），未知此事可行否？尚祈示覆。

（四）如能将已整理好的部分，先寄示若干，更是企盼。

此致

敬礼。

近代史组

1962年9月16日，陈匡时致近代史组函曰：

近代史组编辑同志：

7月18日来信收到，所示各节已悉。兹将最近工作情况奉告，有不合适的地方，请您们研究后提出：

（一）《年谱》的校点：（1）凡正文和书信等部分无法找到其他资料核对的，与台湾本互校。（2）引用梁启超文字的，尽可能用最初发表在期刊上文字（第一次发表的，如《清议报》就不用《清议报全编》），其次采用《合集》或乙丑本《文集》校。(3)年谱中“上谕”、“奏折”引文大都钞自《国闻报》或梁的《戊戌政变记》之类,错讹较多,现尽可能一一据《实录》等查对。(4)引用今人笔记、日记部分,上海地区能找到的也尽量找出来(如孙宝瑄《日益斋日记》,最近获知上海图书馆收藏有原稿本;但如王煦《水东集》,上海没有,将来要向北京图书馆借阅)。(5)《年谱》所引梁文出处,是注出乙丑重编《文集》本卷、页的,我在校点觉得不便,不如一一改成《合集》中《文集》或《专集》之××为宜。而且在前面几本已开始改动。……

(二)上海图书馆所藏批改本《年谱》系陈叔通先生所赠。这个本子是准备修订、删节后出版的,主持者林志钧,年谱第十二册后有林的笺注“民卅六年六月八日覆看毕”(林数年前在北京病故)。这些修改笺注部分,我在最近集中了较多时间,去市内图书馆一一钞录下来,准备今后校注之用。……

(三)目前校注中的资料有少部分尚未见到或一时似难以找到,主要是一些近人回忆和当时报刊上文字,而且也不知去什么地方找寻(报纸文章为汪洋大海),最重要的是对年谱编写过程以及所引用资料的情况尚不甚清楚,工作中总带有许多盲目性,所以迫切需要请教赵丰田先生。我想先了解以下二个一般的问题:第一,年谱编写的经过大略,丁文江生前是否已编好,或编定多少。第二，年谱引用过或搜集到的资料主要有哪些？其中较重要的珍贵的资料目前流失、保藏情况怎样？内容或字句请您们再斟酌一下，待赵先生回信后，将来再提一些具体的问题。

（四）目前的页注写在另本上，因为册数较多，前后可能互见，又怕遗漏。暑假中祁龙威同志来沪，教我用纸片夹注。因为我缺乏这么多的经验，不知哪种对排版有利，特为请教。

……

陈匡时谨启

1962，9，16

1962年9月25日，近代史组致陈匡时函曰：

匡时同志：

九月十六日大函奉悉。承询《梁启超年谱》各节，简复如次：

梁谱主要工作有二：一是校，二是注。校勘工作，除改正错字外，关于引文的校核，我们的意见是：凡政论文字，最好以最初发表时的报刊为准；学术著作，则以最后之结集（即民国廿五年中华《饮冰室合集》）为准。注释工作，主要是对信札中涉及的一些人物及不易理解的“隐语”等，略加说明，俾便参考。

此事工程颇为艰巨细致，以一人之力进行校注，定有诸多不便，请您尽力而为，实在索解为难、材料不够之处，可暂付阙如。

为了整理梁启超的全部著作（包括年谱），此间并着手成立一个小组，并请赵丰田先生具体负责整理工作，约于今冬明春可以开始进行。我们很希望您能参加，共同商量。整理《年谱》中未了之事，亦将有此小组研究解决。年内如能初步竣事最好，但亦不必勉强赶任务，免得过于疲劳也。

页末注如果径校订无误，清钞后可用纸片夹注。如果仅系草稿，还以另本写出为好。总之，在排版以前，要做一番校核整理工作也。今后，如有问题，当请随时联系。此复，并致

敬礼。

近代史组

此函拟稿人：钱炳寰（钞），核稿人：李侃，会签人：卢文迪，签发人：丁树奇。可见此函之重要性，突出在于“为了整理梁启超的全部著作（包括年谱），此间并着手成立一个小组，并请赵丰田先生具体负责整理工作，约于今冬明春可以开始进行”。

1962 年 12 月 17 日，梁思成托人将《梁任公先生年谱长编》原稿弍十弍册（即“长编之长编”，参见后文），送到翠微路中华书局“《梁集》编辑室王代文同志收”，

内附函曰：

王代文同志：

兹将“年谱长编”原稿送上，请查收。建议将其中有些关于家庭琐事的信札钞录删去。乞封达丰田先生。即颂撰祺！

梁思成

62年12月27日

此原稿想是为编纂《梁启超集》而交来，并不是为出版《梁任公先生年谱长编初稿》之用的。因为在“《梁任公先生年谱长编》专档”里没有任何信息提到过这部资料。这部《梁任公先生年谱长编》原稿非常重要，里面有许多信札在编订成油印本时都刊落了。

1962年12月28日，陈匡时致近代史组函曰：

近代史组同志：

9月25日来信早收到。

关于整理梁启超全部的报道，已在《简报》中看到，这对于我们从事史学教学和研究的同志来说，是一个好消息。来信提起希望我参加商量问题，我自问能力、学识都较差，又是初学，可能帮不了什么；只是兴趣尚浓（整理《年谱》也是自不量力），所以今后在这方面只要我能力所及，或上海方面的资料（如上海图书馆藏汪康年信札中有梁的信）一定为整理梁著工作出一分力。……

《年谱》整理年内未能完成，要抵到明年春天了。……我想争取寒假校完，下学期注完（主要的注，有些需要再找资料），这样三月份大体上可以把初步的整理稿陆续寄给您们。现在先把第三、四册（初步校勘和加注过）寄给您们审阅，看看对头不对头。从校注原则到若干技术问题，请一一指出，以便把它整理的更好。

寄上的第三、四本有几点说的：

（一）底本。油印本与台本互校，梁著引文已发表的，均参校《合集》，其中较重要的又直接对照期刊，也校出了若干错字，均在注中说明。梁著未发表的或书信，一般只与台本互校；与台本有出入的，属于明显错误的改之，但有个别的当有问题，不敢擅改，因为将来出版时，可能不能注明？从已校对过的大部分《年谱》来看，台本并没有细细校勘过，往往油印本、台本一起错，甚至有的连《合集》也未核对过，有的则直接从《新民丛报》等期刊进行校对，才发现错、漏等字。

（二）上海图书馆藏批注本中，有用的笺注、眉批或校对出的错字，亦一一插入，都用页注说明之，因为有些笺注可能属于回忆，间或有错误，或年代颠倒，不宜直接改之。已改错字，较明显的则不注出，一般也注明。批注本有删改或擅改的地方（主要出于林志钧手笔）则不采用。

这工作前已在上海图书馆全部对校完毕。

（三）注，主要注人，尤以字号、里居及隐名等。错别异字亦在页注注出。对于第一□□□或人物背景等，只有个别的地方才加以注释。有些人与谱主关系较密，接触年代较长，则准备在附录列一谱中较多提到的人名、字号、里居索引（包括隐名、暱称等）。大部分人名都能注出，少数尚未注出，如第四本最后几页中提到的“龟山”，疑是指湖北汉阳的“龟山”，影射汉阳人某某，但一时想不起某某，也未查到（大概邓李可，但未查到）。这些是遗留的问题，可能尚有不少这类情况。不过有的不甚紧要，无关大旨，也不必注了。

（四）引文出处，已一律改为《合集》。此谱编写时《合集》尚未出版，今天大量流行在各地重要的也是这种集子，学术界使用也较多，我想这可能对读者是一个便利。《合集》中文集、专集册数□次不一致，则在附录中编一个对照表就是了。

以上是想到的几点，供审阅时参考，若不明了的地方很多，务请随时来信。

第三册所附笺条54条，第四册29条，请审阅时注意，勿遗失。

此致

敬礼。

陈匡时谨启

1962年12月28日

附上《年谱》第 3–4 册的目录，它的编制主要是以谱中内容为限，只能是辑出一个纲目，其中有些内容的颠倒也未改正（在谱中已注明），您们看是否合适？

李侃批曰："此信待稿来后再覆。稿来后我翻阅一下，即送梁集小组。李侃。1，3。"此稿后交给梁集小组赵丰田审阅，在今"《梁启超集》专档"有赵丰田审阅后写出的《翻阅复旦校注本〈梁谱长编〉（初稿）第三、四册的一些初步意见》：

1、这样加工的内容和方法就可以了，既基本上保持了原貌，又作到了校订、目录、注解、断句标点、改定出处（乙丑本《文集》改为《合集》）和作注方法的加工等，已经基本上达到对读者负责和超过"台本"的地步了。

2、就上述各项交工工作及其依据的质量（包括准备和充分程度）而言，约十分之八估计是好的和可以的，应该肯定的。但也有约十分之二是值得考虑的和商量的。

3、为了使这次加工工作作得更好一些，首先了解一下《梁谱长编》（初稿）的编写过程和依据等问题，是有好处的。就个人回忆所及，简述其程序和依据情况如下：（略，参见前）

4、关于复旦校注中值得考虑和商量的问题方面（可以肯定的方面从略）举例如下：（1）可改可不改者，不可轻改，必须值得改和有足够根据，特别是信札、电稿类，以未见原料（主要指上述第一批资料，兼指资料汇编）故也。例如：……

按，无（2）、（3）文字。

1964年4月16日，陈匡时致近代史组函曰：

近代史组编辑同志：

1962年承交整理《梁任公先生年谱长编初稿》工作。二年来，整理是在教学之馀和假期中断断续续地进行，除1963年已寄上初步整理过的二册（第三、四两册）外，现将其馀十册（第1，2，5-12册）全部寄上，请查收。台湾本年谱去年你局急信催用，已寄还，想早已查收。

在去年的来信中，承告知：你局已成立专门小组，并说赵丰田先生具体负责“整理梁氏著作，年谱的出版亦须与《梁集》一并考虑”。去年暑假中，胡绳武同志亦告知同样意见；整理年谱的工作亦只是你们整理工作的初步基础。我完全同意你们的意见。我现在所做的工作，只是极初步的，加上为学力、精力所限，完成的亦比较粗糙。我觉得，只要这个初步整理的东西，于你们的整理有助一二，能为学术界提供研究资料尽一份力，即达到初步整理的目的。

今后我希望能与你们保持一定的联系，在许可和方便的情况下，能不时地让我了解《梁集》和《年谱》的整理和出版情况，以利本来的科研工作的进行。去年王代文同志来沪时，获悉已编就《合集》未收的梁氏文章、讲演稿及函电诗文的目录（打印），不知能否寄赠一份或借阅；如蒙借阅，阅毕当即寄还。

敬礼。

陈匡时谨启

1964，4，16

王代文批曰："可寄赠一份，不必寄还。代文。4，27。"该信后附"有关年谱整理的情况"，并"整理说明"、"《梁任公先生年谱长编初稿》目次"及"书信中代号及隐名索引"三项。其"整理说明"大要：

整理说明

一、以油印本为底本，在油印本的基础上，将上海图书馆所藏油印本（以下简称《批注本》）中所有涉及年谱内容的眉批、笺注都一一在页旁注出，以供参考；但《批注本》删改了的地方，则一律不作删改，保持油印本原来的面目。

二、将年谱中有关引文资料出处，一律改成《合集》的页码，以利研究者查考。

三、引用梁启超的著作文字，一般的均依《饮冰室合集》进行校对，尚未收入《合集》的和个别篇章，则根据别的本子或原发表报刊文字校对。根据《合集》等资料校出《初稿》有错漏等情况，则依《合集》本等改正，并在页旁注明《初稿》原有文字；有疑问的地方，则只在页注中说明，不作改动。

四、页注的内容，除大部分是属于校正文字和《批注本》附有的笺注和眉批外，尚有：（1）个别的史实本身和编者在资料处理上误置的地方，作必要的说明和改正；（2）年谱中引用的大量信函，是年谱中最有价值的部分，但有些信函在当时是密信，不便公开，所以对有些人使用了双方知道的隐名、代号等，这些隐名或代号在整理时做了注释，但以整理者所知为限。至于编者的观点和方法，则未在页注中说明，保持原来面貌，请使用时注意。

五、讲标点。

六、纪年（1911 年及前阴历，1912 年及后用阳历）。

七、感谢顾廷龙馆长。

其“《梁任公先生年谱长编初稿》目次”，举一例：

梁之召见（107）

《时务报》改为官报（109）

革礼部六堂官事件（113）

擢用谭嗣同等四京卿（116）

“政变”之作（120）

“政变”的原因（135）

逋逃（142）

其“书信中代号及隐名索引”中之“龟山”，1962年12月28日，陈匡时致近代史组函时，曰：“‘龟山’，疑是指湖北汉阳的‘龟山’，影射汉阳人某某，但一时想不起某某，也未查到。”但在这份“索引”中，已经注出是“杨度”之隐名矣；同时为杨度隐名的还有“子云”。

直至1964年5月6日，始由钱炳寰草拟致陈匡时函：

匡时同志：

接四月十六日来信，并寄下经您整理过的《梁任公先生年谱长编初稿》油印本十册，以及您写的说明、目录、代号隐名索引等件，均收到无误，请释念。

此项整理工作，花了您不少精力和时间，为以后的工作，打下了基础，非常感谢！特另行汇奉人民币三佰元，聊表谢意，即请洽收。

《梁启超集》的整理和出版工作，①因梁氏文章很有一些涉及对外关系之处，而且这些文章早已为世人所熟知，加以删节既多不便，不删节又易引起误会，因此势将推延。这部《年谱长编》引用梁氏信札颇多，②这些信札多为《合集》所未收，您也可能未曾见到原件，这部分还须补做核对工作；③“梁集”小组还搜求了一部分赵丰田先生编《年谱长编》时所未见到的信札，也有必要加以补充。因此，《年谱长编》目前亦不拟出版。

兹遵嘱寄上《梁启超集分类目录》一册，以供参考。

此致

敬礼。

近代史组

丁树奇批曰：“请把这部书的整理情况和给三百元整理费用的考虑见告。丁。五，七。”

卢文迪写一情况曰：

《梁启超年谱长编》以史料价值较高，打算出版。61年8月19日总编室通知，此书已由田家英同志看过，同意出版，但不加删节，内部发行。

1961年10月间，李侃同志去武汉参加辛亥革命讨论会时，与复旦大学胡绳武面洽，后于11月4日又去信联系约请整理，后由胡寄来整理计划，并确定由陈匡时担任这一工作，油印本于62年3月间寄去，又于7月18日去信提出了一些具体的整理意见。

《梁集》小组亦于1962年10月间成立，并将“长编”纳入“梁集”的出版计划之中，现“梁集”暂缓进行，而此稿已整理交来，拟酌予致酬。陈匡时的整理工作，前后一年多，校对了上海图书馆的油印批注本，照《饮冰室合集》加注了出处，写有说明，并编有目次，及书信书中代号、隐名索引，附有笺条273条，全书约60馀万字，拟参照古籍整理稿酬的最低标准每千字5角计算，合三百元之数。

卢文迪。5，8。

丁树奇同日批曰：“我想了解的是此书整理得如何。如果内部发行，是否即可发排？”次日又批曰：“灿然同志意见，还是看了整理质量，再决定致酬办法为好。丁。五，九。”

5月15日，卢文迪再次写出说明：

复旦大学陈匡时同志整理的《梁任公年谱长编》，托李国俊同志看了一下。陈匡时同志主要做了如下几件工作：

（一）采入了上海图书馆所藏油印本上梁氏亲友和后人所加的笺注和眉批。

（二）以《饮冰室合集》和《新民丛报》、《清议报》等书刊对《年谱长编》中所引的梁氏原文，作了校对。这项工作做的还算细致。

（三）对梁氏原文中提及的一部分人名、隐名、代号等，作了注释。这项工作很有用处，也花费了不少力气，但不完全。

此稿全部六十万字，根据以上情形，致酬三百元似乎是低了一些，是否酌增，请核批。

陈匡时同志虽然作了以上许多工作，但还不能即行付排作为内部读物出版。原因是：

（一）《年谱长编》中引用梁氏信札很多，这些信札，我们现在已搜求到，而陈匡时同志则是无法见到的，因而这部分的核对工作须补做。

（二）现在梁集小组搜求的梁氏信札，也有一部分是赵丰田先生编《年谱长编》时没有见到。如果我们出版这部书，以把这一部分资料补充进去为宜。（台湾本仅改正了油印本的若干显著错字，同时也错排了若干字。且有删改，尤其是不利于国民党的言论。我们补充以引所见的资料可大大超过台湾本。）

（三）赵丰田先生有自行整理这部《年谱长编》的意思，此书如果出版，似以请赵丰田先生亲自或由他委托他的助手来最后完成为宜。

因此，如此书决定作为内部读物出版（我的初步意见可以考虑出版），建议仍请赵丰田先生来最后完成。

卢文迪。5，15。

丁树奇5月16日批曰："稿酬可以增加一些。在致酬的信中，需说明还不能出版的原因。丁。五，十六。"于是，在丁树奇签发此信时，将"三百元"上将"三"字改作"五"字。

以上主要是据"《梁任公年谱长编初稿》专档"整理而成。至于当时为什么没有出版，卢文迪的报告中说的比较明白："《梁集》小组亦于1962年10月间成立，并将'长编'纳入'梁集'的出版计划之中，现'梁集'暂缓进行。"因为"长编"已经纳入"梁集"，既然"'梁集'暂缓进行"，那么，作为"梁集"一部分的"长编"怎么可能单独出版呢？

2012年7月1日，笔者曾拜访陈匡时先生，就当年整理《梁任公先生年谱长编初稿》事，了解情况如下：

"文革"后期，"二十四史"重新上马之际，有人提议出版《梁任公先生年谱长编》；复旦有人提出，要陈匡时自中华将书稿取出，交上海人民出版社。陈匡时拒绝之。

"文革"结束后，赵丰田派助手到陈匡时家，了解情况。

李国俊告诉陈匡时："赵丰田是丁文江的助手，《年谱长编》是他们两人编的。"

汤志钧告诉陈匡时："赵丰田要自己整理《年谱长编》。"

陈匡时说："在上海图书馆整理《年谱长编》时，有些毛笔字是请顾廷龙、潘景郑帮忙识别的。"

又说："《年谱长编》中所引《清议报》资料，当时因为没有找到原刊本，还得核实。"

又说："'文革'时，上图藏本转移保存在皖南的战略仓库。"

笔者也曾就此事向陈铮先生了解过，情况如下：

"文革"结束后，赵丰田派助手来京，商谈《梁任公先生年谱长编初稿》重新整理事宜，欲撇开原整理本，独立承担，重新整理，并希望中华提供"长编之长编"、"油印本"等。李侃未允。

后赵丰田根据上海图书馆藏陈叔通等校改本整理，于1983年8月由上海人民出版社出版。据《编辑说明》第一条"《梁启超年谱长编》系据《梁任公先生年谱长编初稿》（1936年，油印本十二册）修订而成"，第二条"本书的修订原则是，在不变动原书的内容和结构的基础上，作适当的增补和删改；增补侧重于信札和有关谱主的重大史事，删改仅限于与谱主无甚关系的少量资料及部分编述文字"。此书由赵丰田及其助手根据"油印本"修订而成，改书名为"梁启超年谱长编"。顾颉刚先生作《序》，赵丰田撰《前言》，叙述颇详，兹不赘述。

2010年5月，中华书局出版《梁任公先生年谱长编

（初稿）》，系据“油印本”整理而成，列入“清华大学国学研究院四大导师年谱长编”系列。

六、《梁启超集》之编纂及最终之遗憾

1958 年 3 月 7 日，文化部下发经中央批准关于中华、商务改组之报告。有关中华书局之决定：将财政经济出版社改组为中华书局和农业出版社两个单位；中华书局属文化部领导，以整理出版古籍和文史哲著作为主；金灿然任中华书局总经理兼总编辑，傅彬然任副总经理兼副总编辑，刘子章任副总经理，金兆梓任副总编辑。中华书局编审委员会主任舒新城，副主任金灿然、傅彬然、金兆梓，委员章锡琛、卢文迪、徐调孚、姚绍华、曾次亮、张静庐、陈乃乾、张北辰。4 月 8 日，财经（中华）社召开全体职工大会，常紫钟副社长宣布：财政经济出版社撤销，中华书局独立经营，农业出版社成立。

1962 年 1 月 8 日，时任中宣部副部长、文化部党组书记的周扬在与广东社联等单位座谈中指出：

> 梁启超的著作，解放后我们还未出版过，应该挑选出版。近代人物的著作，全国都要研究，需要注解、标点、说明。康有为、梁启超、朱执信的著作，应该出版，要作整理。（《周扬与广东社联座谈记录稿》）

1962年8月1日，由吴晗出面邀集梁思成等八位同志座谈讨论后，成立领导“《梁启超集》编辑小组”，并议定若干基本原则和办法。10月16日，借调河南省历史所赵丰田到京，工作小组正式成立，开始办公。小组成员四人，王代文（中华）、赵丰田、李国俊、王宗虞（以上三人河南省历史所），具体业务由赵丰田负责；负责领导有丁树奇、李侃、魏文敏，故又称“七人小组”。

1962年10月20日，赵丰田写出《整理〈梁启超集〉初步工作计划（草案）》、《〈梁启超集〉编例（草案）》初稿，提交金灿然、丁树奇、李侃、卢文迪阅处。金灿然于《初步工作计划（草案）》批曰：

基本可行。组内讨论修改后，先定下来，以后摸一段以后，再讨论修改。金灿然。10，24。

于《编例（草案）》批曰：

丰田同志：

《编例》和《工作计划》很好，请略作修改后打印出来。李侃同志和我对《编例》都拟了些意见，供参考。《编例》将在下次七人小组会上讨论。

敬礼！

金灿然。10，24。

10月29日，赵丰田写出《〈梁启超集〉编例（草案）》修改稿；31日，写出《整理〈梁启超集〉初步工作计划（草案）》修改稿：

《梁启超集》编例（草案）

（仅供内部使用）

1. 本书定名为《梁启超集》。梁氏生平著作可以不全部收入，但凡符合下列标准者均应收入，不入选者，列于存目。选择的标准是：（1）在当时有影响者；（2）反映当时历史情况者；（3）表明梁氏思想发展变化者；（4）现在仍有参考和史料价值者。按：此条根据内外部分同志的建议，精神改为偏重全收，但仍留有馀地，是否有当，请“编辑小组”进一步审议确定。

2. 凡选入之著作，一般不删，一律不改，以保持其全貌。其有需要说明者，在适当地方注出之。

3. 整编体例，采用“分类编年”方法。全书搜集梁氏生平已刊未刊各种著作，内容分为以下四类：（1）学术著作，包括已刊未刊的学术性专著、长短篇论文、讲演笔记和残稿等；（2）政论，包括政论性专书、长篇论文、短篇评论、政论性函牍公文通电和讲演报告等；（3）诗文，包括诗、词、曲、剧、诗话和传记、外史、游记、小说、序跋、题跋、寿文、祭文、墓志等；（4）函牍，包括书札、电稿、日记等。

4. 各类著作的编次，一般皆以时代先后为序。第一、二类的编次，一般皆按年代顺序排列，其间亦可略依著作性质以类相从，为此必要时亦可交错其年次；第三、四类的编次，首先以类下种别（类似子目或小类，但不标明）为顺序，其下按年编次，同年作品亦可略依性质区分其部位。

5. 区分四类，以其性质及内容异同的主、次情况为别。

6. 各篇著作一律注明年代，皆以发表日期或完稿日期为根据，原件不具备者，考订注明之，前印各集有疏舛者订正之。

7. 标注年代悉以公历为准，下以括号注明“光绪”、“宣统”、“民国”之年次。原件具有月日者，悉予保留，依次列于年下。

8. 梁氏著作中引用古书或他人著作，有的仅凭记忆，不尽符原文，为保持其原来面貌，一般不核对原文。

9. 梁著本文，力求正确；校勘订正，不厌求详。选定前印各集校印较精者为依据，其它为参考，必要时根据最初发表之报刊其手稿核对之。大抵学术著作以最后出版之印本为佳；政论文章以在当时报刊发表者为胜；书札、电稿等以根据原件为善。

10. 注释、按语，以必要为原则；必要条件，以服务对象（主要为研究人员）为参考。学术著作，一般不作注释；政论、诗文、函牍中某些为一般人所不可知的人物、事件等，酌加简注。

11. 原文中有关近时人名、时、地讹误处，加按语以订正之。按语繁者，以注解形式出之；简者，仿照订正错漏字例（下例第二项）以（ ）号注明于行文以内（如，按：某某为某某之误）。

12. 错、漏、衍及颠倒字句之明显者，可据正确印本、最初发表之报刊或手稿适予改补，不必注明；其有疑问不能确定而又不便径改者，于行内原文下加（ ）号注明之（如，某字疑系某字之误）；各版异同字，既已选定一种视为正确者，即不再一一注明其异同。

13. 全书一律采用新式标点。标点方法，参考《二十四史》办法，力求简化，一般通用“。”、“，”、“、”、“：”、“；”、“?”、“!”等数种即可，后三种仍以显明必要者为准。但梁氏著作原具新式标点者，一律保持原样，不予变动。

14. 原文旁有加重圈点记号甚多，保留意义不大，排版亦极困难，拟均予删除。原文人名、地名旁的标号，悉予删除；书名、题名旁的旧标号，则改为新式标号“《》”。

15. 原文行内外的按语、注文，一般均予保留，以另一种字体单行排印于正文之下；其行内行外同时兼有并兼予保留者，依适当顺序别其先后，中以“〇”号隔开之。

16. 原文皆系直排，今一律改为横排，则直排旧引“「」”、“『』”亦当改为新引号““””、“‘’”

等。原文皆自分段，今依其旧，不予变动。唯每段开始，横排均应低二格起，故凡原文不低二格者，悉应改变过来。校勘时使低二格的记号，可以V号标明之。

17. 原文外国人、地译名，多与现在通行译名不同，且原著本身亦有前后各异者；但因无关宏旨，皆维持原样，不予变动。

18. 根据“学术著作可以先行出版”及“各类著作可以单独发售”之拟议，整编时各篇字数均应作出统计，付印时各册页数亦须自为起讫。又，各册之前均应附简单说明一篇，各类首册之前亦应印入全书编例及总说明。

19. 集中各类首册（争取每册）之前，均可插入适当的作者照片或手稿照片二、三幅，整编时均应预为计划搜辑之。

20. 附录三种：（1）书前附录，即首卷（册）的全书分类目录；（2）书内附录，包括前印各集原有的分篇附录，及必要的他人与梁的书札等；（3）书后附录，包括未收存目提要，及梁启超生平（包括著作）、大事简表。

（完）62，10，29日

整编《梁启超集》初步工作计划（草案）

根据“编辑小组”指示的原则精神及与中华书局近代史组初步交换意见的结果，以及对《梁集》分量（估计约八百多万字以上）、工作内容和参加人力的初步估计，拟订整编《梁启超集》初步工作计划如下：

全部工作包括从制订编例计划、搜集资料和选定前印各集及单行本的版本开始起，通过编写全目及选目、初步分类目录、校读勘订、断句标点、考证注释、审阅订正、编制附录以及最后的复校审定等一系列工序，到全部定校付印时止，拟分为以下四个工作阶段：1. 准备阶段，1962年10月16日—1963年1月底（春节前）；2. 全面展开阶段，1963年2月—1963年7月底；3. 基本完成阶段，1963年9月—1964年1月底（春节前）；4. 最后结束阶段，1964年2月—1964年5月。

一、准备阶段（1962年10月16日—1963年1月底）：

1. 工作项目和分工：（1）制订整编《梁集》编例和初步工作计划：赵丰田。（2）资料搜集工作（一）（包括前印各集、各种重要报刊、单行专书和各种版本的搜集选定）：王代文、王宗虞。（3）资料搜集工作（二）（包括未发表过的书札、电稿、手稿、照片等）：王代文、王宗虞。（4）《梁集》全目卡片的钞写工作：李国俊、王宗虞。（5）选目和分类目录（草目）的选编工作（包括各篇字数统计和卷数估计）：赵丰田、王代文、李国俊、王宗虞。（6）部分学术著作的点校、整理工作（暂定《中国近三百年学术史》和《中国历史研究法》两种）：王代文、李国俊、赵丰田。

2. 人力配备方面：基本成员：赵丰田、王代文、李国俊、王宗虞。

3. 时间分配估计：（1）第一项约两周时间，包括两次以上的讨论和修正。（2）第二项比较集中地进行，约需一个月左右时间。（3）第三项只能整个阶段内断续地进行，约需半个月时间。（4）第四项约需一个半月时间。（5）第五项约需一个半月时间。（6）第六项约需两个月时间。

4. 工作条件和需要设想：（1）一个五至七人的基本队伍。（2）“编辑小组”的及时领导。（3）一定的办公、参考设备和生活安排。（4）中华书局近代史组的必要协助和帮助。（5）梁家的赞助和协助。

两点希望和估计：1. 估计第一、二、四、五各项工作，届期可能全部完成；第三、六两项工作可能基本完成。2. 认为第一至第五项工作为全部工作中的基本工作，具有基础作用；第六项除了作为必须尽先完成的一项任务外，还对以后工作具有试点作用；估计通过这一阶段的实践，也可能预见到第二阶段应该注意和加强的一些问题。

二、全面展开阶段（1963 年 2 月—1963 年 7 月底）：

1. 工作项目和分工：（1）学术著作类的点、校、整理工作（连前，拟完成全部约二分之一，顺序视需要情况）：①原著有关佛学著作部分：临时外约人员。②其它部分：部分内部成员。（2）政论类的点、校、注释工作（拟完成全部约二分之一，顺序视便利情况）　：部分内部成员。（3）诗文类的点、校、注释工作（拟完成全部约二分之一，顺序视便利情况）：部分内部成员。（4）函牍类的钞写、点、校、注释工作（拟完成全部约二分之一，顺序视便利情况）：部分内部成员。（以上四类，总共约四百馀万字。）（5）资料搜集工作（前段未完和新需要、新发现者，全部完成之）：王代文、王宗虞。

2. 人力配备方面：（1）基本成员：赵丰田、王代文、李国俊、王宗虞。（2）新增人员：有关单位及其它临时商聘人员。（3）负责部分专著和审校工作人员：临时外约人员。

3. 工作条件和需要的估计：（1）需要充实和妥善安排人力。（2）需要适当地充实办公设备和工作条件。（3）需要"编辑小组"加强领导。（4）需要局方及其它单位的随时指导和大力协助。（5）需要注意内部成员的健康情况和工作效率。

三、基本完成阶段（1963年9月—1964年1月底）：

1. 工作项目方面：（1）第一、二、三、四各类基本上完成后半的约二分之一（总共约四百馀万字）。（2）做好随时的审阅工作。（3）做好随时的发排校样工作。（4）做好各种附录的准备工作。（5）做好"编辑小组"的分工审订工作。

2. 人力配备方面：内部成员，基本上同第二阶段；外约人员，根据临时需要情况决定。

四、最后结束阶段（1964年2月—1964年5月）：

1. 工作内容项目估计：（1）第三阶段内四类的钞写、

点、校、注释等整理工作，估计可能剩馀一部分工作，最后完成之。(2) 最后完成工作小组内部的全部审阅工作。(3) 完成各种附录工作。(4) 完成全部发排校样工作。(5) 完成“编辑小组”和外约专家的最后审订工作。

2. 人力配备情况估计：视前段剩馀工作多少而定。估计内部人员可能少于而不必多于第二、三阶段；“编辑小组”和外约专家的审订工作可能繁忙起来。

3. 结束情况估计：(1) 工作届期可能全部结束，甚至提前完成，关键主要在于人力配备、加强领导、妥善安排和随时改进工作等。反之，亦可能不能全部完成。(2)“编辑小组”和外约专家的审订工作，可能拖时较长，为此必须及时送请审阅，以争取时间。

(完) 62，10，31 日

之后即展开第一阶段工作。1963 年 1 月 14 日，赵丰田写出《本段的分类选目工作和存在的问题》报告；复于 2 月 12 日，赵丰田就《梁集》情况，拟《整理〈梁集〉工作小组第一阶段工作汇报》报金灿然、丁树奇、李侃，并附一函曰：

灿然同志：

《整理〈梁集〉工作小组第一阶段工作汇报》今日完稿。其内容包括两部分：1、本段工作情况汇报（从简）；

2、提请领导小组进一步讨论决定有关《整编、校对〈梁集〉的若干标准办法问题》(从详)。由于内容复杂和自己水平能力的限制，始终忙着赶写，未及经组内详细讨论，错、漏和繁复不妥地方，请予删补、是正为荷！此致

敬礼！

赵丰田。63，1，12日。

又原稿誊清后，接受个别同志意见，自动删去了一部分。另外关于所提梁的反动观点部分，也有同志认为不妥，是否应予删去，请决定。同时也临时增补了一条。又及。

其《整理〈梁集〉工作小组第一阶段工作汇报》曰：

整编《梁集》工作，自1962年10月16日起，至1963年春节前止，为第一阶段，即准备阶段。现因即届春节，工作亦达准备结束阶段，特将本段工作情况和存在的问题向领导小组汇报如下：

一、本段工作情况汇报

1. 按照工作计划完成的程度情况。按照原订计划，本段工作共凡六项，其完成程度情况如下：(1)制订整编《梁集》编例和初步工作计划，基本上如期完成；(2)资料搜集工作(一)(包括前印各集、各种重要报刊、单行专书和各种版本的搜集选定)：约完成全部工作百分之

七十。（3）资料搜集工作（二）（包括未发表过的书札、电稿、手稿、照片等）：仅止做了若干布置、联系和准备工作。（4）《梁集》全目卡片的钞写工作：约完成全部工作百分之七十强。（5）选目和分类目录（草目）的选编工作（包括各篇字数统计和卷数估计）：约完成全部工作百分之七十。（6）部分学术著作的点、校、整理工作（暂定《中国近三百年学术史》和《中国历史研究法》两种）：仅止开始了《中国历史研究法》的整理、校、点工作。

2. 第一阶段内存在着的几类困难问题。在本段工作过程中，除了我们主观上水平不够和经验不足，以及工作本身的复杂繁重性（以上为一类）以外，始终存在着三大困难问题：①人手不足（此点在前段比较突出）；②搜集和借用资料方面的意外困难（此点在后段比较突出）；③河南成员在适应北京生活、条件方面的困难（此点始终存在）。以上三大困难（为一类），都不同程度地影响了工作的进度和效率。此外，在具体工作过程中，也遇到一系列有关整编、校点《梁集》的标准、办法方面的困难（此为一类），以下另作一项提请领导小组进一步讨论决定之。

3. 展望下段工作的基本内容。为了继续补足本段工作没有完成的部分，克服本阶段内存在着的若干困难问题，下一阶段的工作，须要变通原订工作计划，拟定为以下几种内容：（1）拟完成本段工作中第 2、4、5 各项达百分之九十以上；第 3、6 两项达百分之七十至八十。（2）派人赴上海、南京调查和搜集第2、3两项的各种资料。（3）充分利用局内外的临时外约人员，进行部分必要的钞写、校点工作。（4）把部分对《饮冰室合集》补充增加的作品和部分必要利用的原稿、手稿，拍照或钞成副本，用供整编、校点和排印用的底本。（5）争取在下一阶段内，达成北京和河南成员分两摊工作的基本条件，以克服因地区差别而产生的各种困难。

金灿然阅后，将“3、展望下段工作的基本内容”之第五点，用红笔划去，并批曰：

丰田同志：

《梁集》汇报已翻阅一过。此报告写得全面、具体。第一部分已遵嘱拿下，兹奉还。这一部分情况，可在开会时作口头汇报。第二部分已交文书组打印，将来可在讨论后，对若干原则问题如删选标准、涉及邻国关系问题的处理、分类原则、注释要求等，写出一些条文。看来，领导小组会要等您回来后才能开。

敬礼。

灿然。一月十五日。

李侃批曰：

《梁集》的报告，似可写得再详细一些，内容可否如下：

一、工作进行情况：包括成立小组、搜集材料、分类、几次会议、赵丰田先生来京工作等；

二、存在的问题：包括讨论中的不同意见：全？删？以及初步决定的处理办法；

三、邻国要单写一项，提出请示。

此报告似可同时写给周扬、燕铭同志。

李侃。2，11。

丁树奇批曰：

丰田同志：

因为这是我们关于整理《梁集》的第一个报告，似乎需要写得更详细一些，李侃同志提了几条意见，可供参考。灿然同志已去上海，周末可回。

敬礼。

丁树奇。二，十二。

遂于1963年2月8日，吴晗召集十人小组，就《梁启超集》整理工作中之若干问题进行讨论，着重讨论以下两点（据记录稿）：

第一，出选集还是出全集。对这个问题，会上是有不同意见的。侯外庐、左恭两同志认为不必出版全集，因为民国二十五年出版的《饮冰室合集》所收梁氏著作相当完备，而且此书现在并不难得，如有必要还可以利用原书旧版重印。为供广大青年研究工作者需要，可精选一部分著作出版选集。多数同志仍主张出版全集，理由是：现有的《饮冰室合集》分类编排极不科学，版式装帧也十分粗劣，而出版《梁集》主要目的是供给研究工作者参考，并非一般干部读物，出版选集实无必要；同时，我们需要把近代重要人物的著作，有计划有步骤地加以整理，先后出版一套近代人物的全集。讨论结果，初步确定，还是基本上出版全集。就是说新版《梁启超集》应将梁氏著作尽量收集齐全，但有些文章仍可删除。……

第二，梁启超著作中，有些文章涉及邻国关系和有关领土、民族问题，例如……（将例子一一举出）。

我们初步意见，有些文章，极易引起友邻国家误解（如《朝鲜亡国史》等），文章本身又非十分重要，拟删去。有些文章，全篇无甚问题，但其中有个别段落、词句，涉及我国领土问题，且可能对我国当时国际政治斗争发生不利影响，对此，拟加以删节，但不作说明。

赵丰田根据此次编辑会议精神，落实数条决议，2月16日又写出《整理〈梁启超集〉第一阶段工作汇报》详本，其原则和标准问题主要有以下五点决议（节录如下）：

第一，关于"全"、"选"和"删"的标准办法方面，决议：新编《梁集》的供应对象，主要为近代史研究人员，其性质是"全集"，不是"选集"。

第二，关于分类和分类的标准办法问题，决议：全部著作的编排，采用"分类编年"的原则；内容分为五类：（1）学术，（2）政治，（3）文艺，（4）杂著，（5）函牍。

第三，关于部分作品内容、标题的编定和注解问题，决议：尊重著者的原来意见，择善而从，一律不另作注解。

第四，关于句读方法、其他符号和排版格式等问题，决议：全部句读，一律采用新式标点，一律直排。

第五，关于其他，如对外国人、地译名、全书说明和附录等问题，决议：外国人、地译名，一律保持原貌，全书须有编例及总说明，书后应附"未收存目提要"、"梁氏著译年表"、"篇名笔画索引"、"外国人、地译名对照表"。

1963年2月27日，编辑小组开会，根据2月8日十人小组会议决议，着手制定"分类选目工作计划"：就第一阶段之"按学术、政论、诗文、函牍四类"改分"学术、政论、文艺、杂著和函牍五类"；定下"《合集》未收著作，是下阶段工作的主要内容，并放在首位进行"，指出《合集》以外著作主要包括：

①北图梁著手稿；

②已刊未刊的公私函牍；

③《合集》未收而见于他著及报刊之文章；

④缺名或只有笔名而尚不能肯定的梁著的文章。

次日，复开小组会议，赵丰田制定“工作内容”：“1、全目；2、资料；3、分类选目；4、钞录（《合集》以外的新资料）；5、校点。”具体又确定“工作方法”。之后陆续有会议记录。

档案中有梁令娴与赵丰田函若干封，或介绍任公身前好友，或提供相关资料信息，或送来任公函札（包括家书）等，为《梁集》编纂，竭尽全力。

还有其他一些资料名目如下：

沪、宁、穗采访录存

出差上海南京访查存录

钞件登记

梁氏家书目录

梁氏文集与有关报刊

全目卡片工作要求与作法

梁氏著译年表试作

梁启超著作分类目录说明

校勘版本记录

标点符号使用办法

其他

其中“出差上海南京访查存录”，时间为 1963 年 1 月 26 日至 2 月 24 日，走访单位有上海市文化局、上海图书馆、上海社会科学院、上海历史研究所、复旦大学、华东师范大学、中华书局上海编辑所图书馆、南京图书馆、南京大学、南京师范大学、江苏省文史馆等单位，历时二十六天。就《梁集》编辑、分类有简练记载：

顾廷龙：《梁集》以编年为好，因为有些文章是很难分类的，对于研究者使用的角度来说，也是编年体使用方便。在编年的基础上，可以附一个篇名分类目录和篇名笔画目录，以便检查。

胡绳武：编《梁集》很好，应广泛搜集梁氏著作、书札，使它比以前出版的更完善。梁著不必删节，以前也没有删过，如果要删，那真是删不胜删，而且删了以后反而失去了本来的面目。

陈旭麓：编这类集子，资料应充分搜集。从研究角度来说，越全越好，任何一篇东西，没有见到，总是不放心。

除走访机构外，编辑小组还对二十馀家机构直接去函询问，亦得有相关信息。经过半年多努力，到 1963 年 9

月，《梁集》工作小组终于完成《梁启超集分类目录》，并油印成册，分送十人小组成员。赵丰田致丁树奇函曰：

树奇同志：

《梁集》分类目录，已经打印出来，并也粗略地校阅一过。另外，我们也拟了一份函稿，作为把分类目录送请十人小组各同志审阅时的通信稿。请一并审核是正，以及解决如何及何时发出等。即致

敬礼！

赵丰田。63，9，29日。

并代拟与十人小组公函曰：

×× 同志：

根据今年二月八日十人小组第二次会议，将《梁集》内容分为学术、政论、文艺、杂著、函牍五类的决议，已由工作小组重新整编为《梁启超集》分类目录一份，并已打印出来，寄奉领导组各同志审阅。

据工作小组同志反映，这次分为“五类”，远较从前“四类”为合适，但仍有少数文章因内容复杂、类别交错而有难解难分之感。又文艺、杂著、函牍类下，根据决议又分为若干子类，其内容及项目亦恐诸多未妥。尚希提出批评和意见，俾便进一步改正提高为荷！此致

敬礼！

中华书局编辑部

1963，9，29

《梁启超集分类目录》油印一厚册，卷首为“分类目录说明”，计七条，其第一条曰：

根据已经搜集到的资料，经过选择，拟收入《梁启超集》的文章共1289篇，又存目49篇，即：包括《饮冰室合集》全部及《合集》未收的文章236篇。为了醒目起见，《合集》未收的文章另行编目，分别列于各类之后（以后将按年代插入）。据统计，《合集》共780多万字，大小1053目。新增文章约70万字，估作236篇，其中“护国役电稿”四百馀件，“上海时事新闻电稿”93件，梁氏家书95件，暂作3件计算的。分类结果如下：

学术类192篇：合集174，新增18；

政论类396篇：合集296，新增100；

文艺类238篇：合集205（其中诗152、词45，馀为小说、剧本），新增33（其中对联29首、诗一首）；

杂著类410篇：合集345（其中大小文章109，各种跋236），新增65（其中碑帖跋8）；

函牍类53篇：合集33，新增20。（注：1、其中电稿631件将分别列目；2、当年编《梁启超年谱》曾经使用过的梁氏书札数千件，尚未找到。）

以上各类字数尚未统计，但初步估计以学术类与政论类字数最多，杂著次之。另外，二十馀篇须待将作者考证准确后，才可以定取舍。

综观此分类目录，作得颇为详细，每一类中按年编排，为《梁启超集》之全面展开，奠定基础。然赵丰田当年协编《梁任公先生年谱长编》时所见之任公数千函札，“尚未找到”，今档案中亦无任何信息，梁令娴、梁思成致赵丰田函中亦未有言及，是否犹在天壤，至今未解。

关于校勘问题，档案中有一份《中国近三百年学术史》第二次校勘底稿之《说明》，详细交代校勘之版本及处理之原则：

本书的校订，根据下列六种稿本和版本：

1. 北京图书馆藏原书“手稿”两种：（甲）原书定稿全部一种；（乙）“南开暑校讲义”第二至第五讲残稿一种。

2. 铅印本“清华学校讲义”《中国近三百年学术史》残本上册。

3. 铅印原书最后一部分《清代学者整理旧学之总成绩》两种：（甲）1924 年《东方杂志》第 21 卷 12–13、15–18 号，第一次发表原文一种；（乙）1934 年“东方文库续编”重印单行本中、下两册一种。

4. 上海民志书店出版《中国近三百年学术史》，1929年第四版本。

5. 同书，中华书局出版《饮冰室合集》“专集”第十七册本。

6. 同书，中华书局194× 重庆校印本。

……

这次校订，除了全面参考上述六种版本（其中以《合集》本为排印底本）外，也参考、查对了多种必要的工具书、参考书和一部分涉及原书引文问题的前人原著等。约略统计，此次校订，总共遇到和解决了大小七百多个问题。解决这些问题的方法和原则，便是根据以上各种版本、书籍的异同情况及其特点，从实事求是的对比研究，然后择善而从地确定一种认为比较正确合理的结果。

另有《合集》“专集”第十四册，有关佛学著作者，已用红笔校订一过，改正原版错误二百馀处，并施以新式标点。书内夹有李国俊所拟致任继愈函草稿：

任继愈同志：

前承您允诺为我们审校梁启超佛学著作，现将我们初步校点过的几种送来，请看是否可用？若有尚需我们加工者，希迳指出。

此致

敬礼！

1963，11，18

就最初所定《整编〈梁启超集〉初步工作计划（草案）》四步，至1964年初为“第三步”基本完成阶段，此时资料搜集已基本齐备，后续即为校订编辑阶段（包括随时补充新增资料）。

1964年2月18日，《梁集》编辑小组草拟《〈饮冰室合集补编〉编辑计划》（王代文执笔），因全集出版需“相当长的时间”，而“有些文章因涉及到许多政治性问题”，其处理原则和方法，“尚需慎重考虑”，为满足“科学研究工作的需要”，拟将所搜集之新资料以《饮冰室合集补编》方式出版。整理工作，“拟于五月中旬完成”，而现在之工作“正在搜集一些未到手的资料，进行标点”。

关于这份《〈饮冰室合集补编〉编辑计划》，戴文葆阅后写一情况报李侃，“赞成出版一本梁启超的函札”，但认为“《饮冰室合集补编》似可从缓”，因为“《补编》中有一些无价值的东西”，且《补编》亦必成为“一本过渡的书”，“目前的需要恐不如此迫切”。同时认为：

按梁启超小组的工作来说，不是林志钧事业的继承者。我们重新辑集材料，考虑编例，接收前人的资料，用我们的观点立场，新编《梁集》，最好不用《饮冰室合集》

来束缚自己。

信末又补一句曰："我对整个工作不甚了然，从缓的意见可能不对的。"

李侃阅后致丁树奇函曰：

树奇同志：

关于《饮冰室合集补编》，王代文同志提了一个方案，戴文葆也提出了一个意见，两个意见都有理由。我初步考虑，似可同意王代文同志的意见，惟不必用"饮冰室"名号。同时在选择上偏严一些（信札可稍宽，凡有史料价值者全收）。书前要写一个说明讲讲出此书的目的。此书出版可起二个作用：①提供些材料；②可弥补《梁集》迟出之缺憾。有此一编，配合《饮冰室合集》，即《梁集》不出，研究者亦无妨碍。考虑到《梁集》一时未易出版，印出这二本书，一则可以为研究工作者解决一些问题，二则也可就此初步了结《梁集》小组的一段公案。至于将（来）《梁集》出版，这两书也未必定全作废，即或作废绝版，亦无大碍。

此事，我也拿不定准主意，请考虑核定。

敬礼！

李侃。三月一日。

档案中，以此份文件落款时间最晚。其时，自1963年起“四清运动”逐步升温，开始批判知识分子矣。1964年1月，中华书局有五人参加怀柔社会主义教育运动；9月，丁树奇带领若干干部到山西昔阳县城关公社参加社会主义教育运动。10月，文化部进行整风，齐燕铭调离文化部，古籍整理出版规划小组工作陷于停顿。按，档案中于梁令娴1963年5月21日来函上，留有铅笔字曰：“计18纸，已钞。1964，6，30。”此为最迟之记录。

1966年5月，文化大革命全面爆发；6月16日，中华书局开展“文化大革命”运动。1969年9月26日，中华书局除在部队农场锻炼九人、留京工作和老弱病十人外，一百三十二人赴湖北省咸宁“文化部五七干校”，《梁启超集》全部资料作为战备转移物资，同时迁往，直至1974年底迁回。

1981年12月10日，古籍整理出版规划小组正式恢复，小组直属国务院，组长李一氓，副组长周林、王子野。1982年4月，中华论证、修订《中华书局1982—1990年古籍整理出版选题计划》，同时列为全国古籍整理出版规划重点项目。8月23日，中华邀请汤志钧、金冲及、龚书铎、王庆成、曾业英、王好立、梁从诫等，就编辑整理《梁启超集》进行座谈。李侃主持，近代史室刘德麟、何双生、陈铮等参加会议，委托上海社会科学院历史研究所组织人力整理，汤志钧任主编。

1989 年，中华书局根据学界之需求，在《梁启超集》出版难以预测之下，将旧版《饮冰室合集》装帧成 32 开，精装 12 册影印行世。迄 2011 年已印至第六次矣。

1991 年 2 月 1 日，中华召开局务会，对当年梁令娴送来任公之函札（共 394 通，定名为《梁启超书信手迹》），要求早日出版。至 1995 年，以《梁启超未刊书信手迹》名正式影印出版。原件退还梁从诫，后捐中国第一历史档案馆。

1991 年 6 月 10 日，李侃退休，领导换届。当时由于书业行情不佳，中华业务开始压缩，而首当其冲者近代史项目全面压缩。如此情况之下，《梁启超集》自然下马。幸是年 9 月，在制项目如“中国近代期刊汇刊”中与任公有关之《时务报》《强学报》《实学报》《新民丛报》《清议报》《庸言》等先后影印出版。

1997 年上半年，近代史编辑室主任陈铮（1965 年毕业来局）申报《饮冰室合集补编》项目，获得通过，此盖呼应 1964 年王代文所拟方案也。8 月 7 日，中华领导换届；11 月 7 日，近代史编辑室陈铮与一秘书并入古代史编辑室，称历史编辑室，原近代史编辑室骨干，分别到其他部门任职。近代史编辑室原有项目，基本处于全面停顿状态矣，《饮冰室合集补编》再度搁浅。

2003 年 8 月 12 日，领导换届。当时中华处在经济萧条、百废待兴，犹未重拾既有之中断项目之际；10 月 12

日，天津古籍出版社宣布组织编委会，将出版《梁启超全集》，纳入天津市重大文化出版工程，并申报国家十五规划项目。

大清史修纂自2002年立项以来，陆续出版清人著述，当天津古籍出版社未能推进后，清史纂修工程即将之列为“清史修纂工程·文献丛刊”项目，由中国人民大学出版社负责出版。预计明年——任公诞辰140周年之际，得以面世云。

跋

以上根据相关档案、史料及当事人之回忆，草拟成篇，铺叙有关任公著作在中华出版之点滴。自1914年，至1997年，八十四年间，曾经之付出，数代人之努力，恍惚间已为历史记忆之尘埃。一种坚守，文化之责任，中华之使命，经济转型之际，领导换届之时，其哀莫有大于任公全集之未能善终者也。《诗》云：“靡不有初，鲜克有终。”其此之谓欤！慎之哉！

壬辰五月初稿，九月修改，个厂。

原载《饮冰室合集》附册，中华书局2014年

补记

近来任公著作出版者多矣，然“清史修纂工程·文献丛刊”之《全集》迄今犹未看到，闻说还得若干年。月前，中华书局编辑部将丁文江主持整理的任公年谱第一稿，以《梁任公先生年谱长编稿本》名义影印出版，期间多有未刊史料，弥足珍贵。笔者亦已着手《中国近三百年学术史》之校订与《梁任公书信集》之纂集工作，愿得早日完成。

乙未腊八，个厂于仰顾山房。

张宗祥点校《国榷》之稿酬风波始末

张宗祥先生（1882—1965，字阆声，晚号冷僧，浙江海宁人）一生主要从事文教、图书事业，学识渊博，生平钞书成癖，共钞校九千馀卷，前无古人。经校勘出版的重要古籍有《说郛》《国榷》《罪惟录》等，其中《国榷》的点校整理，可以说是张宗祥费力最为深厚的，时间跨度也比较漫长。张宗祥曰：

此书予假蒋氏五砚楼旧钞本过录。蒋氏书，生沐先生（光煦）别下斋所藏。……

甲子（1924）至永嘉，承假携行箧中，因得全钞；中有二三空页。后至江南图书馆检视八千卷楼本，所缺亦同，乃知同出一源。丙寅（1926）、丁卯（1927）流寓沪上，颇思借刘氏嘉业堂所藏明历代实钞，一为校补。悠忽至今，竟未着手。以视先哲劬学著述之勤，愧悚奚似。乙末（1955）又据一钞本校补，并为分卷。

张宗祥《大小戴礼记合纂序》:

解放之后，即来杭州，任省图书馆职务。从公之暇，忙于整理谈孺木先生《国榷》稿者，几及三年。

是知张宗祥早年即已着手校勘《国榷》，及至1955年又据另一钞本校补，并为分卷，故有“谈先生有知，当不责予鲁莽也”一句戏谑之辞！

张宗祥后来之所以重拾校勘重任，盖古籍出版社有印行此书之计划。按，古籍出版社成立于1954年6月，是出版总署直属社，社长由出版总署副署长叶圣陶兼任，编辑不足十人，有徐调孚（平湖）、张静庐（镇海）、章锡琛（绍兴）、陈乃乾（海宁）等。1956年12月，文化部关于中华书局、商务印书馆独立经营的请示报告，称根据周恩来总理和陈云副总理的指示，拟加强中华、商务的出版工作，将古籍出版社并入中华书局，组成中华书局的编辑部。1957年3月，古籍出版社正式并入中华书局。中华书局社址迁至北京东总布胡同十号，编辑部设古代史、近代史、古典文学、哲学四个编辑组，组长分别由徐调孚、张静庐、姚绍华（金华）、傅彬然（萧山）担任。

由于一方要出，而另一方也已做了很多校勘整理工作，故双方一拍即合，也商定好了稿酬数额。

但是因时代、政策等因素的变化，二十世纪五十年代，新中国在稿酬标准上以国家行政发文的形式调整过数次，而该书的出版恰好在调整之后，所以在点校、钞写费用的标准核定上，古籍出版社与张宗祥彼此产生了分歧。经过前后三年多的协商与内部讨论，中华书局从信义、承诺以及团结作者诸方面考虑，为张宗祥补足了最初“口头约定”的稿酬数额。

一、交稿时间与当时之约定（附稿酬核算标准）

据徐调孚的记载，张宗祥将整理好的谈迁史学名著《国榷》交给古籍出版社，时间为1956年（月份不详）。

当时的点校费是3元/千字，《国榷》字数可能超过4000千字，但张宗祥只负责校勘整理，后期的校对审核工作由出版社负责，故副总经理王乃夫于1956年12月15日签发徐调孚所拟的文件中有“拟送人民币壹万元”的批示。由徐调孚与张宗祥做了“口头约定”（未见文字凭证），总稿酬计为10000元，并于1957年7月预付5000元，馀款将在《国榷》正式出版后再行支付。按，《国榷》共4284千字，以10000元稿酬计，则为2.33元/千字。9月4日，张宗祥与古籍出版社函，大概讲到稿酬事。9月16日，徐调孚拟稿给张宗祥复信，曰：“依照我社规定，此类校勘旧书，一律不定合同，希谅。稿酬当以前函所定为凭。”据此可知，稿酬标准或总数，在之前的公函中（或即1956年12月15日），曾有约定。

古籍整理书稿的稿酬标准，举例如下：

点校稿：

资治通鉴　3元/千字。金灿然1956年4月17日所拟与陈述先生函曰：“工作报酬问题，《资治通鉴》一书加工报酬是万字卅元。所以定为万字卅元的原因是：为了标点《资治通鉴》，由范文澜等十几位同志组成了专门委员会，这个委员会负责了加工原则的设计、某些原则问题的和具体的组织工作。为执行这一工作，又以顾颉刚等十一位先生组成了专门小组，这个小组用具体办法进行了标点和审校工作。这样，可不必再另外请人审校，从而也就没有审校费的支出。这本书工作报酬是包干性质的，除了标点和为标点所必须的校勘工作之外，其他许多校勘工作，如钞稿、标点说明、最后详校清样等，均未另外计酬。”

四裔传　1元/千字。金灿然1956年4月17日所拟与陈述先生函曰：“《四裔传》的工作报酬所以定万字十元，主要是单指标点和为标点进行的校勘一项说的。另外的校勘工作和注释工作以及前言等，是要另外计酬的。我们以为，仅标点工作费用万字卅元，那太高了，把校勘工作、注释工作等包括在万字十元，一般的说，又嫌偏低了。因此，《四裔传》的工作费，标点部分按万字十元，其他工作另外计酬，我们以为不仅标准上和计算方法上都是比较合理的。诚如陈先生指出的，这里不是为了钱的问题，而是为了追求合理。”按，这种将古籍文本和校勘、注释内容区别标准的核算方式，在后来的古籍整理书稿中运用较多。

历代各族传记会注　3 元 / 千字。徐调孚 1956 年 7 月 17 日所拟与中央民族学院关于《历代各族传记会注》的协议书：“（一）学院负责编辑加工工作，将本书进行编辑、标点，并加注释。完成后，分批交与出版社进行出版工作。（二）全书共分四编，分四册出版。第一编的排校印装日程如下：1、学院于六月底以前将最后改定稿交至出版社。2、出版社于七月交印厂付排，于八月起，陆续将清样送交学院校对，于九月全部送毕。3、出版社于十一月以前，将本书第一编出版。……（六）第一编之报酬办法，议定按每千字三元计算，于签订此协议书后，先按原稿字数致送百分之五十，于出版后再按排印页字数全部结算付清。第二编以下各册，临时再行协议。”

著作稿：

尚书通论　陈梦家著，1962 年签订合同，12 元 / 千字。

海瑞的故事　吴晗著，1962 年签订合同，8 元 / 千字。

据上述文件，大致可以看到二十世纪五六十年代稿酬标准的情况。而《国榷》以最初约定的总稿酬万元，也是合乎标准与情理的。

二、1958年7月文化部颁发稿酬之《暂行规定》

如前所述，新中国初期高标准的稿酬（所谓高稿酬，是相对于普遍收入者而言的），陆续引起多数人的不满。政府职能部门也因此经常讨论，及五七年反右对知识分子打压之后，稿酬标准逐渐降低，至1958年7月14日，文化部颁发《关于文学和社会科学书籍稿酬的暂行规定》（草案），于同年8月1日起在北京、上海试行。正式采用“基本稿酬加印数稿酬”的付酬原则。1958—1962年，基本稿酬的标准：著作稿4—15元/千字，翻译稿3—10元/千字（参见陈明远《知识分子与人民币时代》，文汇出版社2006年）。

该标准“试行两个多月后，北京和上海的一部分作者和出版社提出倡议，要不计报酬的共产主义式的劳动，建议降低稿酬标准。文化部根据上述建议于10月10日发出通报，将《暂行规定》的稿酬标准降低一半”（王泽泗《我国稿酬制度的历史与现状》，载《中国出版》1992年），稿酬再次降低，即著作稿3—8元/千字，翻译稿2—5元/千字。按，一年后，文化部发现降低标准不妥，不利于繁荣创作和提高作品质量，于是进行更改，继续实行1958年7月制定的《暂行规定》。

由于是普降稿酬，古籍点校稿的稿酬降低至2—6毛钱每千字。

三、图书之成本、定价

1956年，文化部颁布《全国出版社一般书籍、封面、插页定价表》，确立了正文分类别、按印张定价的基本模式。自此后的二十八年间，除在1958、1963和1973年基于政治目的对定价标准向下调整之外，印张定价模式一直延续到1984年，成为完全计划经济时代图书定价的基本模式。

其制定的“保本微利”原则，或曰不能按照实际生产成本定价；或曰没有让出版社所创造的利润全部转化在价格中，而是让一部分利润（通常是大多数）有计划地让渡给社会，实现利润的重新分配。

定价类别分了十一类，共二十六个分类项目，最后都有相应的定价标准。古籍整理图书属于第六类，定价标准为：0.09元/印张（新闻纸。若使用更好的纸张如道林纸，可稍作增加）。

由于未能找到《国榷》一书的定价原始卡片，现参考中华书局两种书的“图书出版记录卡”，以为当时图书之定价情况：

《三国志》（平装）：49 印张，4 插页，5 册，1963 年 12 月 14 日发印，1 版 3 次。“备注”一栏之下，罗列定价计算公式：49 印张 ×0.09 元 / 印张 + 0.015 元 / 插页 ×4 插页 + 0.035 元 / 封面 ×5 封面 = 4.645 元。而在左侧的实际定价里，写着“5.30 元”。

《辽史》（护封精装）：50 印张，12 插页，3 册，1974 年 10 月出版，1 版 1 次。罗列定价计算公式：49.8125 印张 ×0.09 元 / 印张＋ 0.01 元 / 插页 ×12 插页＋ 0.01 元 / 封面（平装）×3 封面＋ 0.85 元 / 封面（精装）×3 封面＝ 7.453125 元。实际定价里，写着“7.50 元”。上述两书之定价，其实只根据所用纸张以及按印张数核算印刷、装订之直接成本，并未考虑其他成本，如排版、校对、编辑、设计、稿酬、管理等诸费用。

当时古籍整理图书之直接成本各项费用名目与标准如下：

印装费：0.023 元 / 印张

纸张费：0.021 元 / 印张

排版费：4—8 元 / 千字

稿　费：按约定

《国榷》于 1958 年 12 月正式出版。1 版 1 次版权页：

字　数：4284 千

印　张：195.25

印　数：1—1000

定　价：29.00 元

出版社：古籍出版社

印刷厂：中华书局上海印刷厂印刷

根据《定价表》核算：

196.25 印张 ×0.09 元 / 印张＋0.85 元 / 封面（精装）×6 封面＝22.7625 元

实际定价是 29.00 元。但此书之成本组成如下：

印　装　费：0.023 元 / 印张 ×196.25×1000 套

纸　张　费：0.021 元 / 印张 ×196.25×1000 套

排　版　费：4 元 / 千字 ×4284 千字

布面精装费：0.40 元 / 个 ×6 个 ×1000 套

稿　　　费：5000 元（以另外 5000 元不付计）

不算校对、编辑、设计、管理诸费，总成本为 33171 元。发行折扣是 70%，则总实洋 20300 元。《国榷》第 1 版 1 次亏损 12871 元。

四、出版时间与最初之沟通

《国榷》出版的时间，版权页标明是 1958 年 12 月，出版社依然署“古籍出版社”，而在中华书局的档案里，却都是以“出版于 1959 年 1 月”来记录的。且其出版时

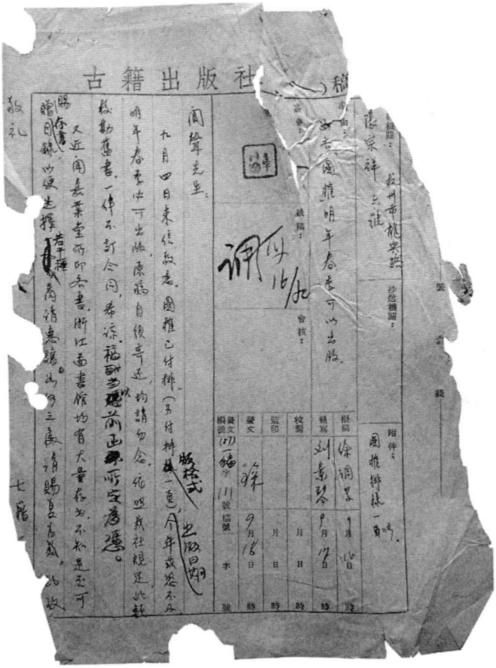

古籍出版社（　）稿

受文機關：杭州市龍井路張宗祥先生
事由：函告國維明年春季可以出版。
附件：國維排樣一頁。
擬稿：徐調孚 9月16日
繕寫：劉素琴 9月17日

闐肇先生：
九月四日來信敬悉。國維已付排（另付排版格式一頁），今年或恐不及出版，明年春季必可出版。原稿自須寄還，均請勿念。依照我社規定，此類舊書，一律不訂合同，希諒。稿酬當以前函所定爲準。
又近聞嘉業堂所印各書，浙江圖書館均有大量存書，不知是否可以賜贈若干種，以便選擇。……請惠讓爲……
敬禮
七、……

徐调孚致张宗祥函拟稿

间，都晚于1958年10月10日文化部颁发的《关于文学和社会科学书籍稿酬的暂行规定》（草案）的通报。

徐调孚1959年1月19日所拟与张宗祥公函，其事由内写“《国榷》稿酬作为结清”，文曰：

宗祥先生：

《国榷》一书，我局已经出版，样书二部业已寄奉，想早收到。稿酬标准，在整风以后已普遍降低，本书按照新标准，该致送断句费和校勘费共二千六百元正，因前已预支伍千元，我们即作为付清，不补亦不退。又，原书仍行寄还，请收。

此公函22日经财务组会签，曰“同意”，并于是日签发。

宋云彬1959年1月日记：

二十四日：昨日徐调孚语余，阆声钞校之《国榷》，原定致送稿费一万元，已先后汇去五千元，现在稿酬办法另有新规定，不拟再付。余谓应再酌付若干。金灿然在旁，谓余言甚是，当再考虑云。

二十五日：上午，写信给阆声。

按，宋云彬先生（1897—1979）与张宗祥同为海宁硖石镇人。1952年，宋云彬回浙江任省文联主席、省文史馆馆长，张宗祥时任浙江省图书馆馆长、省文史馆副馆长，且二人还有姻戚关系。1957 年宋云彬被打成右派，次年举家迁北京，任中华书局编辑，参与“二十四史”的点校、编辑工作。其后两人书信往返频繁。

1 月 28 日，张宗祥复宋云彬函，曰：

老姻丈：

手书敬悉。近来多病，嫌烦，一无兴致可言，遂至稽覆。《国榷》稿费，已得中华来书，据云五千元已支领过头，旧说一概抹杀。这也好玩的事，我想不再过问。如有良心和信义，再寄一些来，我也不拒。……

2 月 28 日，张宗祥又与宋云彬函，曰：

云彬姻丈：

近略能多坐，且亦从事《本草经》疏解矣。《国榷》一部，计六册，另邮奉。书局赠两部，一送图书馆，一自留作纪念。此乃另购，以践宿诺，到请哂存。……

此事至此，及其后两年多的时间里，未有再发现相关记载。

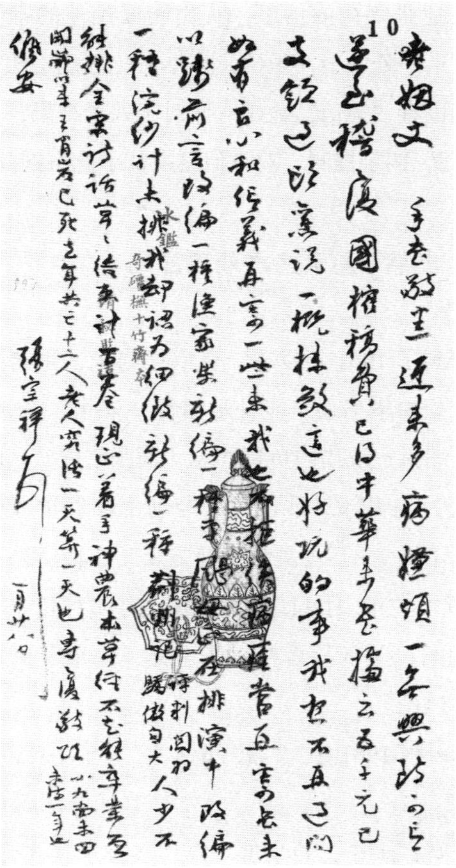

张宗祥致宋云彬函

从上述张宗祥的信里，我们能读到他的不满。中华书局在此事的处置上，虽说是根据文化部规定执行，并不违规，但也有“失信”之嫌。而对于处置结果，从张宗祥“不再过问”四字推测，双方似已默认了此事到此为止。

五、中华书局最终之处理意见

转眼到了1961年岁末，张宗祥与宋云彬函，又旧事重提，希望中华书局“能补足稿费一万元”。宋云彬并告诸古代史编辑室或局内负责同志，谓张宗祥“当时对此种做法，认为编辑部对钞校者的劳动不够尊重，任意降低稿酬，是不满意的”（具参见谢方《〈国榷〉稿费检查报告》）。所以在12月11日中华书局内部召开征求读者意见会议期间，关于是否补付张宗祥《国榷》稿费事，进行了一番讨论。

据宋云彬1961年12月日记：

十一日：上午，局中有小会，谈征求读者意见问题，也谈到了补送阆声《国榷》稿费问题。

十二日：致张阆声函。

中华书局讨论后，即安排编辑部谢方将《国榷》稿费问题作一梳理，并拟出处理意见。

会议次日，谢方写了一份《〈国榷〉稿费检查报告》。该《报告》分两部分，第一部分为“情况及问题”；第二部分是“处理意见”：

我们认为对《国榷》稿费的处理，是不够慎重的。按一般钞校费，千字三元，这是很高的标准（一般断句和校误费仅千字二—六角）。按《国榷》的性质，工作的难易，千字二元比较合理。但我们没有向作者说明这个理由，而是用另一种不讲道理的片面“通知”，说要将钞校费改为断句费和校勘费共计二千六百元。又竟说过去已付的五千元，不用退回，而将原来最初定的千字三元或共付稿费一万元的事却一字不提。这显然是对钞校者的劳动没有应有尊重。我们认为应该补给他稿费。补的办法是全部按新的标准，千字二元，并向他说明过去的标准不合理。计全书共四百二十八万四千字，以钞校费千字二元算，合共八千五百六十八元，除已付稿费五千元外，应补稿费三千五百六十八元。

此《报告》同日经丁树奇副总编辑圈阅后，即交萧项平副总编辑批示。

萧项平副总编辑同日批示：

《报告》所叙情况及问题符合事实，但处理意见仍不妥。应照王乃夫同志十二月十五日批发徐调孚同志所拟的一函中约定“拟送人民币壹万元”的数字，再送五千元。片面废除合同，无论如何是不应该的。补就要补足，补得有理由，否则仍达不到团结作者的目的。

按，“王乃夫同志十二月十五日批发徐调孚同志所拟的一函”未详所以。（王乃夫曾于1945年任大众书店经理；1951年西北人民出版社成立，任副社长；1956年任古籍出版社副总经理；1958年4月任中华书局副总经理，同年7月调甘肃省文化局工作。稿件是1956年交到古籍出版社的，稿酬总计万元也是那时商定的，故王乃夫的批示时间应为1956年。）

梁涛然副总编辑1962年1月5日批示：

连钞写费在内千字三元致酬，不足之数全部补上。请调孚同志写信。

是月9日，徐调孚即据《报告》并诸领导批示，拟公函，有之前种种“不合情理，不尊重您的劳动是不应该的”，此番按“千字三元的标准致酬，共应付12852元”，“除已预付5000元外，特再补奉7852元”云云。此份拟稿函，未见签发，可能是大家对于超乎最初约定的标准付酬，又有了不同的意见。

另有一份由王季康1962年2月10日拟的公函，事由是“补付《国榷》稿费事”：

> 出书后没有按照原先约定的稿费数额支付。另根据新的稿酬标准计算，片面的决定。……这种处理是很不合理的。……
>
> 除之前曾致付5000元外，再补付5000元。此款即由银行汇奉，请惠收，并盼示覆。

此份公函，经潘达人副总经理、张北辰副总经理、徐调孚、傅惠时（财务科）会签，潘达人副总经理旁批曰：“此件请打字，发出前再请王季康同志校对一遍。”梁涛然副总编辑2月12日签发，且又批注曰：“请交灿然同志，电话汇报后再发。”在天眉，有金灿然2月14日的签名。按：“再补付5000元”原作“再补付7852元”，看笔迹，应是金灿然最后修改的。

由这份经编辑部草拟，并经组长徐调孚、财务科傅惠时会签，由副总经理潘达人、张北辰签阅，副总编辑梁涛然签发，并由总经理总编辑金灿然最终签字核发的文件，足见中华书局对此事之重视。尊重作者，尊重作者的劳动，这是中华书局从创办以迄于今，一百多年来，都一直秉承的精神（也可参看《中华书局藏近代名人手札》）。

据宋云彬日记，1962年2月4日、15日分别有寄张宗祥函，第二函即在上述发文之后，有可能即将书局会议讨论按 3 元 / 千字标准支付的情况告诉了张宗祥。

张宗祥 3 月 3 日复宋云彬函曰：

云老姻丈：

两书敬承。伍仟元已到，此即意外；且照原约，不必再望意外。

两个“意外”，第二个前冠以“不必再望”四字，疑是对宋云彬信里所提的回应（即被金灿然最终改掉的按 3 元 / 千字标准重新核定支付的“意外”）。

至此，《国榷》稿酬问题，终于落下了帷幕。

乙未孟秋朔，个厂于仰顾山房。

原载澎湃新闻 2017 年 9 月 12 日

《陈梦家著作集》出版琐忆

——纪念陈梦家先生诞辰 105 周年

读大学的时候，对于现代诗，比较喜欢徐志摩及与他有关的“新月派”诗人们的现代格律诗。到现在记忆犹深的，有朱湘的两句：“与落花一同漂去，无人知道的地方。”这两句，后来还成了作者的诗谶。非格律诗的，大概也就属卞之琳“你站在桥上看风景”那首《断章》，到现在还未忘却，令人遐想。其馀的，大概只记住了些人名而已，其中就有“陈梦家”三字，大约因他是上虞人的缘故罢。

一、编辑《西周铜器断代》

毕业后到中华书局工作。有一天，熊国祯副总编辑找我，说要给我安排一部积压了三十多年还未出版的书稿。

交给我的稿子，是陈梦家先生的遗著——《西周铜器断代》。就这样，我第一次正式接触到了陈先生的文字，也才知道陈先生后来是做了学术的，而且还挺艰深！

我拿到的《西周铜器断代》，是一份考古所的整理誊钞稿（含图片原件），一份铅排三校样（图片未排）。书稿是赵诚先生1982年发稿的，三校样出来之前，赵先生已经退休了，以致延误下来。

最开始，我以为只是对三校样进行编辑加工。于是，从2002年11月至2003年4月，用了六个月时间，通读一遍。

国家经贸委早在1999年下达的第16号令《淘汰落后生产能力、工艺和产品的目录》中明文规定，2000年底要淘汰全部铅排、铅印工艺。我当时听说，书局有几部重要且难度较大的书稿，还是铅排的，且都已经到了最后关头，所以想赶制一下，虽然已经晚于国家的规定时间了。其中除了《西周铜器断代》外，还有《沈曾植集校注》、《绎史》等，后来《绎史》与《沈曾植集校注》于2002年正式出版，还是铅排字，当时网上还在讨论，说这两部书很可能是最后的铅排本图书了。

可是，《沈曾植集校注》《绎史》出版的时候，《西周铜器断代》还未送来付型样！难道《西周铜器断代》将成为最后的铅版书？

直到2003年8月，出版部才将新的打样送来。一看，发现不对，已经改作电子排版的。呜呜呜！原因其实很简单，且看考古所写于1990年的《编后记》："为使本书高质量的与读者见面，中华书局不惜工本，特用铅字排印出版。……华昌泗同志生前为刻制难字。”据说，之前华先生专为此书刻制了五千多个古文字。现在华先生已经故去，工艺也遭淘汰，只得电子重排了。于是，我又从2003年9月至2004年1月，用了五个月的时间，重新一个字一个字地校读了一遍，出版部校对科也安排了三个校次。

2004年3月，《西周铜器断代》付印。最后关于定价多少，编辑部、出版部与发行部三方看法不甚统一，为此还专门召开协商会。最终大家还是采用了我的意见。同时协商定价的，还有一本《张政烺文史论集》。

二、重签出版合同

就在《西周铜器断代》的编辑出版过程中，2003年8月，徐容甫先生重回书局工作，担任副总编辑。考虑到此书的合同，是1996年与赵萝蕤先生签订的，但赵先生也已故世，需与其著作权继承人取得联系。再者，我局之前出版过陈先生的其他著作，容甫先生安排我统一考虑。经过向考古所负责《西周铜器断代》出版事宜的王世民先生了解，大体上掌握了陈先生著作的存世情况。

2004年1月2日，我整理出了陈先生的著作目录，2月24日写的报告里定作“陈梦家全集”。但考虑到肯定不会“全”，所以正式出版时，可以用“陈梦家著作集”这一名义，这种思路得到大家的认同。（之后，以“著作集”形式，系列出版学者的专著与论文集，成为书局的一个重要出版方向。）

如此一来，就需要与陈先生著作权的继承人重新签署合同。王世民先生告诉我说，赵先生有个弟弟叫赵景心，可以找他。可是赵萝蕤、赵景心姐弟当年生活的美术馆后街 22 号被拆除，赵景心先生搬到了哪里，不得而知。

找人，其实像探案一样！

经过多方打听，最终还是找到了赵景心先生。我便前往其远在海淀上庄的住处。经过沟通，赵先生非常支持我们出版陈先生的著作集。在赵先生口中，听到他对赵萝蕤、陈梦家的称呼是“我姐姐”、“我姐夫”！听得出来，赵先生对他姐姐感情很深！

至于重签合同，赵先生说，他还有两个弟弟，一个叫景德，一个叫景伦，两人都在美国。自己与景德有联系，关系很好，可以代表他签字，但代表不了景伦，同时也没有景伦的联系方式。又说：合同要景伦先签后，他再签字。

这下又波折了，到哪里去找景伦先生呢！

回来后，又几次与赵先生通电话。忽然有一次，赵先生说，景伦的太太是张治中将军的三女儿张素初。而张素初的大姐张素我，又是他的同事。通过赵先生给的电话，即与张素我先生联系，打听到景伦先生在美国的电话与电子邮箱。2004 年 3 月 8 日，即与景伦先生去信一封，说明原委。4月5日，先生回国，招我见面。4月8日，我带着合同到花市大街，请先生签字。之后，再去景心先生处，请他签字，并代表景德一起签字。

三、未收录“著作集”的品种

2004年出版了《西周铜器断代》，又再版了《殷虚卜辞综述》和《汉简缀述》。既然制定了“著作集”的出版规划，就得陆续将已刊未刊的专著、论文、散文、诗歌等，全部重新校订、整理出版。

同一年，修订再版了万国鼎编，万斯年、陈梦家补订的《中国历史纪年表》。修订挖改所用的底本，是容甫先生提供的中华书局1978年1版1印本。因为只是订补他人的著作，所以此一种是不列入“著作集”的。

《尚书通论》《西周年代考》《六国纪年》三种之前是出版过单行本的（《西周年代考》《六国纪年》两种因篇幅较小，合作一册），此次也都全部重排，其中《六国纪年》依据的是陈先生的校订本。这三种，作为“著作集”的两册，于2005年6、7月分别出版。

其中还有一种书——《武威汉简》，当年是中国科学院考古研究所与甘肃省博物馆合编，列为“考古学专刊”乙种第十二号出版的。

1957年7月至1959年11月间，甘肃省博物馆在武威县先后清理了三十七座汉代古墓，在磨咀子六号墓发现了四百六十九枚仪礼木简以及七枚日忌木简、四枚杂占木简。1960年，中国科学院考古研究所委派陈梦家先生前往甘肃省博物馆，对这批汉简（包括六号墓出土的四百八十简，十八号墓出土的王杖十简，以及四号、十五号、二十二号、二十三号墓出土的柩铭四条）进行了整理、考释与研究。

《武威汉简》共分五部分：叙论、释文、校记、摹本、图版。其《后记》中写道："本书的具体工作，由以下各人分任：实物清理、简报：甘肃省博物馆郭德勇等；摄影：甘肃省博物馆吴柏年；摹录文字：张邦彦；叙论、校记、释文等：考古研究所陈梦家。"

此书1964年由文物出版社出版，定价25元。以当年的收入与消费水平而言，不啻为奢侈品。

为了再版此书，我们与社科院考古研究所、甘肃省博物馆、文物出版社分别联系。最开始，我们希望将其纳入"陈梦家著作集"中，但后来觉得此书属于特殊时期的特殊著作，纳入个人"著作集"并不合适，所以还是决定单独出版，并与上述三家单位分别寄去公函，得到支持。

编辑过程中，我们将《汉简缀述》里的《武威汉简补述》一文，作为此书的附录。这篇《补述》分两部分，一是对汉代"日忌"内容的考释，二是对"文学弟子"一词源流的分析，为确定第六号墓主人活动的时代，提供了更多的线索与帮助。

《武威汉简》于2005年9月正式出版，距上次印刷时间，也已经过去四十一年了。

四、九十五周年诞辰时的纪念

2005年，曾与王世民先生商量，2006年是陈先生诞辰95周年，或可举办纪念活动。会议之际，最好出版点新的著作。

于是，王先生从考古所的书库里，找出陈先生在昆明西南联大、美国芝加哥大学授课时的讲义三份。第一份，1939年夏的《文字学甲编》，分七章，第七章古文字材料只写了“甲骨文”一节，为未完稿。第二份，1943年的《中国文字学》两章，自称为“重订本”，其内容与1939年本略有重复。第三份，1944年秋在芝加哥大学讲授中国古文字学的英文讲义打印稿，名AN INTRODUCTION TO CHINESE PALAEOGRAPHY。后来决定将这三种文字学讲义合编在一起，总名之曰《中国文字学》。前两种，请国家图书馆古籍部的刘波先生整理，对原稿上的眉批与旁注，用“【　】”标示，插在正文相应位置。英文部分则据原打印稿排版。

在《中国文字学》里，陈先生将古文字的发展分为五期，系统考察文字的演变，推阐条例；从时代、地域，书

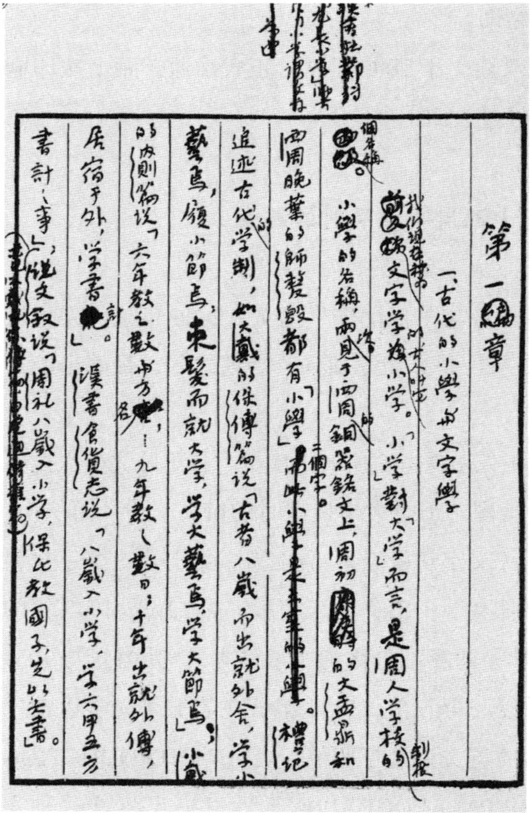

陈梦家《中国文字学》手稿

写的方法、材料、工具、手续及书写者身份等因素推寻字体演变之原因；并分论历史上的字体，对王国维先生所持的籀文是秦时文字，即周秦间西土文字，壁中古文是周秦间东土六国文字之说，多有辩驳；从而构建起自己的文字学体系。其中最重要的一条，即陈先生认为，古文字研究兴起后，传统的六书说就退居到次要的位置，所以应从名、文、义三方面，“建立文字的条例的一个始基”——这就是陈先生提出的著名的“三书说”。

由于《中国文字学》一直以讲义的稿本形式存在，没有得到出版，而“三书说”的观点体现，又是在 1956 年出版的《殷虚卜辞综述》一书中，所以人们认为陈先生是到五十年代才开始提出“三书说”的，远较唐兰先生 1935 年时所提的“三书说”晚了大约二十年。其实不然。

1935 年唐兰先生在《古文字学导论》中提出“三书说”，即象形、象意、形声。陈先生对其中的“象意”有不同意见，并提出象形、假借、形声的“三书说”。陈氏“三书说”后来得到了学术界的基本认同。“三书说”在陈先生的《文字学甲编》里就已经存在，而《文字学甲编》的第一稿作于 1937 年秋。所以说，《中国文字学》是具有重要的学术史意义的。出版后，居然还获得了“2006 年度全国文博考古十佳图书”，实是意外之喜。

与此同时，我还约请上海陈子善先生收集、整理陈先生学术论文之外的其他文章。子善先生后来在《前言》里说："我读三十年代的《新月》和《中央日报》，读四十年代的《国文月刊》和《观察》，读五十年代的《诗刊》和《人民日报》，发现陈梦家还有不少诗歌之外的文字未曾结集，其中有小说，有抒情散文，有文艺评论，有观剧杂感，还有讨论文字改革的，介绍青铜器文化的，等等等等，琳琅满目，美不胜收。原以为陈梦家以诗人名，以考古学家名，没想到他的创作和治学领域是如此广阔。一个新的设想由此萌生，何不再编一本陈梦家新文集—诗集和学术专著之外陈梦家的文学创作和学术随笔集？这样，陈梦家文学和学术生涯中鲜为人知的一面，也许可以得到昭晰的展示。"

我们读陈先生早年的《不开花的春天》《你披了文黛的衣裳还能同彼得飞》《七重封印的梦》《青的一段》等，看看题目，就能够感觉得到其中的情趣了。

又与清华大学蓝棣之先生联系，约请他重新整理陈先生的诗集。陈先生十六岁就开始创作新诗。1931 年编辑了一本《新月诗集》，收入徐志摩等十多人的诗作；同年他个人的第一本诗集《梦家诗选》问世，并一举成名。随后，1934 年《铁马集》、1936 年《梦家存诗》相继问世，被公认为"新月派"后期最有建树的诗人。只是后来转向学术研究，所谓"青春作赋，皓首穷经"是也。四十年代之后的诗作，今仅见到 1948 年一首、1951 年一首、1953 年二首、1954 年一首而已。在整理过程中，子善先生将新发现的十三首，以及我在景心先生家发现的作于 1953

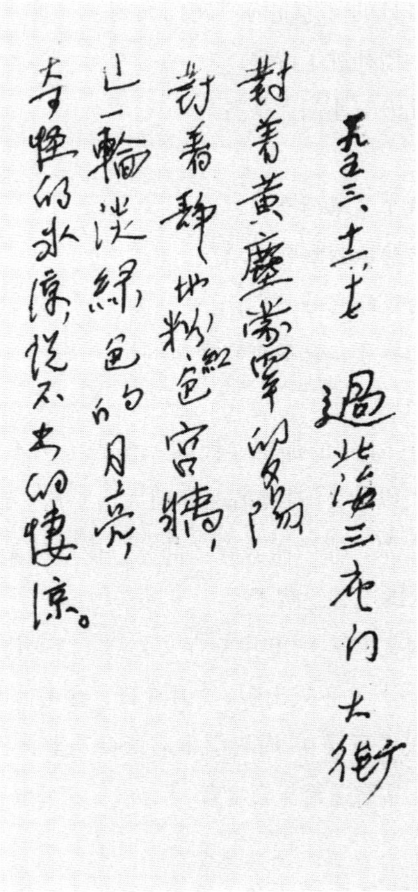

過北海三座門大街

五三、十二、七

對着黃塵蒙罩的夕陽，
對着靜靜地粉紅色宮牆，
還一輪淡綠色的月亮，
大寺怪的冰涼，說不出的悽涼。

陈梦家《过北海三座门大街》手稿

年 12 月 17 日的《过北海三座门大街》一首，共十四首，都请蓝先生增补进了诗集。

《过北海三座门大街》：

对着黄尘蒙罩的夕阳，
对着静静地粉红色宫墙。
止一轮淡绿色的月光，
奇怪的冰原，说不出的凄凉。

由于写在 1954 年的那首《悼闻一多先生》不是格律诗，所以我个人以为，《过北海三座门大街》这一首，其具体而朦胧之意象，铿锵而哀婉之韵味，极可能是 1949 年以后新月诗人的空谷绝响了。

《中国文字学》《梦甲室存文》与《梦家诗集》三种，于 2006 年 6 月底正式出版。7 月 3 日，在考古所召开"纪念陈梦家先生诞辰 95 周年学术座谈会"上，我们将上述三书作为礼品赠送给与会学者。

五、《陈梦家学术论文集》的收集与整理

王世民先生说，陈先生 1957 年自编过一份论文目录，是按发表先后编排的。后来赵萝蕤先生钞录了一份给他，那份目录的截止时间是 1956 年。至于 1957 年之后的，王

先生说，他可与张长寿先生一起来做补充。因为陈先生很多著作的原稿、出版物以及未刊的遗稿，赵萝蕤先生都捐赠给了考古所，所以我即请王先生收集《陈梦家学术论文集》。

九十五周年纪念会后，《论文集》的出版提上正式日程。我也经常催王先生交稿，以便在陈先生诞辰一百周年之际出版。直到2010年年底，王先生才将收集到的陈先生学术论文编辑成册，交来书局。

《论文集》收入陈先生生前已刊论文三十五篇，按发表时间顺序编排；其馀十三篇，因其全文收入或改写后收入陈先生其他相关专著，在《论文集》目录之后作“存目”处理，并于篇名后注明原载何处，以及后收入或改写收入何书等情况。另外，还有陈先生在世时未发表的论文十篇：其中三篇，王先生之前已经整理并发表了；馀六篇，商定由书局编辑部代为整理；还剩一篇，即《右辅瓌宝留珍札记》，不作整理，而是以原件扫描的形式，置在全书论文之后。

再者，陈先生早年的论文，大都有抽印本，陈先生经常在抽印本的天头地脚空白处，做一些批注；所有这些批注，我们均以加“【　】”的形式插到相应位置。但是《商王名号考》这篇抽印本的批注相当多，有的页面甚至把天头地脚全部写满了，为了展现陈先生严谨求实的学术态度和不断钻研的学术精神，我们将这一篇以整篇扫描的形式收入，这样既避免了信息的误差和流失，也避免了版面因加入太多的“【 】”而造成的不美观。

以上，共计四十九篇论文。

《论文集》的整理、录入、校对、编辑工作，繁复而麻烦，在我手上流转了三年多。由于平时杂务繁重，根本没有足够的时间，可以安心地用来处理书稿中的问题，经常顾此失彼，捉襟见肘。

2014 年夏天，所在部门新进两位大学毕业生。其中李碧玉毕业于清华大学中文系，考虑到陈先生曾在清华大学中文系任教，就将编辑此书的任务，交给了碧玉。告诉她，这本书会成为她编辑生涯最重要的也是最有意义的一本著作。并要求她将所有的校样都保存好，待该书出版后，帮她装订成册，留作纪念。

我让碧玉先将校样与原稿校对了一遍，使她大致了解《论文集》的情况。之后，再就里面存在的各类问题，怎样来处理，用何种方法、方式解决，采用什么步骤等，一一为之详述。并要求碧玉将这些问题，分门别类的总结出来，做好归纳。

碧玉温柔秀美，人如其名；又精音律，二胡古筝，近乎专业。刚来的时候，不会饮酒。其间聚餐，啤酒一杯，已属勉强，再劝则云：那下午就不能看陈先生的稿子了。倏忽二年，酒量与经验同涨，现在聚餐，碧玉已能主动认领一瓶矣。

碧玉对《论文集》中提到的所有甲、金文及四部文献，全部依据原书或通行本进行了核对，改正其中的错讹，不知凡几。初时虽了无所知，而到如今，碧玉对甲、金文也能道个甲乙丙丁。之前确定的六篇遗稿的整理工作，也都由碧玉承担，可谓是《论文集》出版之第一功臣！

后来，我们将整理好的校样，送给王先生审阅。王先生看后，大加夸奖，以为整理之细致，校订之干净，问题解决之到位，格式排版之清爽，都已到了极致，云云。

经过一年半的时间，2016年3月8日，样书终于送审。王先生看到寄去的样书，发来短信，说："《论文集》印刷得很好，我们十分满意。"这距陈先生自编论文目录，已六十年矣。

就在《论文集》付印后，即让碧玉将之前商量并归纳、总结出来的问题，以及我们如何处理的方法、方式等，整理成文，经过几次修改，我们写了一篇《从〈陈梦家学术论文集〉看现当代学术文献之整理》论文，兹录其摘要如下："现当代文史学者学术论文集的整理，较之一般古籍图书和学术专著更为复杂，往往存在体例混乱、文字错讹、标点舛误、引文不确等问题。本文以《陈梦家学术论文集》的整理、编校为例，对各类问题的解决分别作出了说明，试图总结出有一般适用性的整理原则和编校方法，从而为现当代学术文献的整理、出版提供参考。"这里面很多问题，确实是有共性的。

近五六年来，我所带的年轻同事，都有这样的经历，如戴明扬《嵇康集校注》、骆鸿凯《文选学》、徐炳昶《徐旭生文集》等，都是责任编辑参与收集、整理甚至校订工作的。这对于刚入职的年轻人来说，无疑是最好的锻炼，且富有成就感。

六、《海外中国铜器综录》与《海外中国铜器图录》

陈梦家先生四十年代讲学美国，后又到加拿大、北欧等地寻找散落的青铜器。曾计划编纂《海外中国铜器图录》三集，1946 年由商务印书馆出版第一集。《海外中国铜器图录》为中国学者所著、总结欧美国家收藏中国青铜器收藏状况的第一部图录。这部图录的海外照片征集工作，当年由北平图书馆袁同礼先生主持完成，而图录的编纂工作则由陈梦家先生完成。可惜第二、第三集，“因香港为日军所占，未能续印”。

1962 年，科学出版社出版了《美帝国主义劫掠的我国殷周铜器集录》，煌煌一厚册，署名“中国科学院考古研究所编”。此书的实际整理者，就是陈先生，因为他当时的“右派”身份，不能冠名。

王世民先生告诉我，《美帝国主义劫掠的我国殷周铜器集录》的原照片与拓片等，都还保存在考古所。除了美国卷之外，陈先生基本已经完成了加拿大、北欧两卷。加拿大卷包括安阳、洛阳出土的商周青铜礼器、兵器和工具二百馀件；北欧卷包括英国、法国、荷兰、瑞典等国收藏的商周青铜礼器二百馀件。

其实，我们看陈先生写于1956年秋的《中国铜器综录自序》一文，即可知道陈先生当年对流散在海外的中国青铜器，有着“规模宏远”的编纂计划。

早在2004年6月，我们就与考古所商定，要对《海外中国铜器综录》一书作出重新整理、编排，厘分三卷，纳入“考古学专刊（乙种）”出版。署名方式则循专刊旧例，为“陈梦家编撰，中国社会科学院考古研究所编辑”。由于此书的特殊性，故不纳入“陈梦家著作集”系列。可惜，这项工作进展并不顺利，直到2014年初，才进入图片扫描阶段，于是就交付部门内朱兆虎负责。

兆虎性喜小学，一度特别关注老辈学者的学术遗稿，如罗君惕先生《说文解字探原》、马宗芗先生《毛诗集释》等重要著作的出版，都是兆虎努力的成果。另外，兆虎还曾担任陈先生《中国文字学》修订再版的责任编辑，对陈先生的著作较为熟悉。

后来，兆虎读到曹菁菁发表在《文献》杂志上的《国图藏陈梦家〈海外中国铜器图录〉未刊稿》，发现在国图还藏有《海外中国铜器图录》第二集的原稿。我即让兆虎与国图联系，商定一并出版《海外中国铜器图录》第一集、第二集，并纳入“陈梦家著作集”系列。

七、《中国铜器综述》

陈梦家先生在《海外中国铜器图录》第一集的卷首，曾写有《中国铜器概述》一文，文章写于1940年4月，时任教于西南联大。后来1944年11月至1947年9月，陈先生到美国芝加哥大学讲授中国古文字学，同时收集北美所藏中国铜器材料，编成《美国所藏中国铜器图录》(即后来的《美帝国主义劫掠的我国殷周铜器集录》)。

在《美国所藏中国铜器集录》的《自序》里，陈先生说：“原编附有《中国铜器综述》十五章，系就旧《中国铜器概述》扩大改作。……《综述》篇幅太长，今删去之，以后当可单独问世。”(1956年12月)

这本《中国铜器综述》，其实是英文稿，书名作 *General Study of Chinese Bronzes*。本书脱离传统金石学微观考释之模式，而以现代考古学理念作全面之论述，如地域分布与文化背景、铜器术语与器形分类、形制与纹饰、作伪与铸造、铭文、断代等，在青铜器研究史上，具有划时代的意义。2004年时，即请王先生找人翻译，后由王睿(故宫博物院)、曹菁菁(国家图书馆)、田天(首都师范大学)、孙莹莹(美国西雅图华盛顿大学)四人，合作翻译完成，复经王先生校订，直到2015年年底方才交稿，前后差不多十年时间，可见翻译之不易。现在也已交给碧玉，由她承担编辑出版任务，估计在不久的将来，大家就可以看到。

八、其馀著作文章等

陈梦家先生于1934年1月赴北平，成为燕京大学研究院研究生，专攻古文字学，至1966年9月辞世，三十二年的学术历程，所撰写的著作除如上所述之外，其实还有很多，或者是我们现在还未发现，或者是早已散佚了的。

如陈先生在《中国铜器概述》(1940年4月)文末所列参考用书，所列自著书有："《铜器铭文研究》(稿本)、《金文编校记》(稿本)。"这两种稿本，今皆未见。

在《中国铜器综录自序》(1956年秋)里说："一九三九年在昆明因北京图书馆之约，编辑《海外中国铜器图录》，虽作三集，而仅出一集，因香港为日军所占，未能续印。"今也只发现了第二集的稿本而已，第三集未见。

在《美国所藏中国铜器集录自序》(1956年12月)里说："原编中对西周较重要诸器铭，曾作有较长的考释，附于说明之内。此类考释，今已提出，归入《西周铜器断代》与《东周铜器断代》两书中。"今者《东周铜器断代》一书未见。

赵萝蕤先生钞录的陈先生1957年自编的论文目录，著录英文论文五篇，现在还没有收集到。

王先生经常说起，陈先生后来一度致力于度量衡的梳理与研究，这些稿件还保存在考古所，可惜大都未成稿，知道的篇名有《战国货币总述》《战国记容铜器》《古尺记略》《汉尺考述》《汉斛考述》《汉唐之间的尺度》《唐宋尺》《明清尺》等。

不知道陈先生的这些著作和散篇文章，还有他的佚文、日记、书信等，能否有面世的一天。只要有，——我们，随时准备着！

九、杂记

我出生于浙江省桐乡市大麻镇。大麻镇，1950年之前隶属于德清县，后来划给崇德县，1958年崇德县与桐乡县合并，称桐乡县（今称市）。大麻镇的北面就是新市镇，距离极近。据震宏兄见告，大麻镇流传有两句俗语，一句是“新市人就是大麻人”，另一句是“长毛前，赵百万；长毛后，赵讨饭”。太平军进驻大麻是在1860年秋，所以颇疑新市赵家，是在太平军乱后从大麻迁居新市的。

陈梦家先生的岳丈赵紫宸先生，中国基督教神学家，是德清县新市镇人（按，一说生于海宁许村镇）。赵紫宸先生 1948 年所撰《系狱记》中记载到："大麻是浙江的小村镇，我年幼的时候常去探望亲戚的。"赵紫宸先生生于 1888 年，"年幼"一般指五至十二岁左右。从"常去探望"四字，可见这门亲戚肯定非常的亲。若从这个角度而言，为陈梦家先生出"著作集"，好似也是一种缘分。

美术馆后街 22 号，我没有去过。听说当年在很多人的呼吁保护声中，还是被轰然夷为了平地。现在只能看着照片中的布局，想象这里曾经发生过的往事，以及与之相关的曾经的主人。

我初见景心先生时，他八十六岁，还打网球。八十八岁那年冬天，他还开车带我去吃饭。有一次，景德先生回国，他们两人还来书局，买书。景德先生毕业于西南联大，后获芝加哥大学地质学博士学位，阿波罗 11—17 研究项目的首席研究员，曾获富兰克林学会维特瑞尔奖章、巴林格奖章等。晚年研究《老子》，来书局就是为买相关的著作，交谈中，已经不大会用中文了，景心先生作的翻译。景德先生于 2009 年逝世，享年九十一岁。

景伦先生见过两次，第一次是签合同，第二次是送样书。景伦先生也曾就学西南联大，后考入美国哈佛大学，1950 年尚未毕业即放弃学业回国，1980 年再次赴哈佛大学。第二次送书，是到他花市大街那边的房子，还在收拾中，说是为归国做准备。景伦先生旅美三十年，曾为纽约《亚美时报》主笔。景伦先生于 2015 年逝世，享年九十二岁。

由于最近几年都没有新出陈先生的著作，所以都没有去给景心先生送书。唯有一次，景心先生带我去城里某小区里，看他珍藏的陈梦家、赵萝蕤遗物，有那么二三十件家具，放满了两间屋子，真是大饱眼福。近距离赏玩之时——突然想起，有一年到梅绍武、屠珍老师家谈书稿，屠珍老师给我说的故事：他们都是赵萝蕤先生的学生，到赵先生家玩。陈先生特别喜欢他们，专门打开他收藏家具的那间房子给他们欣赏，看到椅子前面都栓了根红绳，意思就是“不让坐”。开始觉得陈先生小气，现在想来，陈先生是多么爱护这些东西呀。去年下半年，屠珍老师来电，说景心先生状况不是很好。因为《陈梦家学术论文集》那时已经付型，我就等书出版后再去。今年三月，书始印出。领得样书送去时，景心先生已经不认识我了。但看到书后，还是大声地说了句：“陈梦家——我姐夫!”

前几年，景心先生在湖州市博物馆设立了“赵紫宸、赵萝蕤、赵景德家族纪念馆”，陈先生的家具，都保存在其中。而陈先生的故乡上虞市，据闻在百福陵园也给他建了衣冠冢。

陈梦家先生生于 1911 年 4 月 19 日（农历三月廿一），逝世于 1966 年 9 月 2 日（农历七月十八）。今年是他诞辰的 105 周年，同时也是离世的第 50 个年头。我们改变不了历史，但我们可以收集、整理、出版其著作，作为无声的纪念。

2016年4月15、16日写，18、19日修改，个厂于仰顾山房。

原载《民国旧体文学研究》第一辑，2016年

“北大舵手”的联大岁月

1948 年 12 月北京大学五十周年校庆之际，北大学生自治会以全体学生名义，赠送给郑天挺先生一面题着“北大舵手”四个大字的锦旗，这也是迄今为止唯一一位受到如此殊荣的北大人。当时向达等教授也致函郑先生，希望郑先生“以北大为重”，“仍秉七七事变之精神，一切以保全学校为先”。所谓“七七事变之精神”，即郑先生在七七事变后坚守岗位，苦撑危城，保全学校，保护师生之精神。后来北大与清华、南开南迁长沙，组成临时大学，复迁昆明为西南联合大学。在艰苦卓绝的抗战岁月中，三校师生践行刚毅坚卓之校训，秉持兼容并包之精神，内树学术自由之规模，外获民主堡垒之称号，砥砺奋进，钻研学术，培养人才，弦歌不辍。郑天挺先生西南联大时期的日记，所见所闻，内容充实，巨细靡遗，为我们铺展了长篇画卷，把读者带入到真实的历史现场。

一、“辞却了五朝宫阙”

郑先生父亲郑叔忱，曾任翰林院编修，后出任奉天府丞兼学政；1903年回京，任京师大学堂教务提调（相当于教务长）。郑先生于1917—1920年，就读于北大国学门。1924—1927年，北大教书。1930年重回北大，任校长室秘书，1933年12月出任北大秘书长，负责校务行政与总务。

1937年七七事变之际，北大校长蒋梦麟在南方开会，次日文学院长胡适离平南下。未几，学校其他负责人纷纷离校，学生也陆续返乡，郑先生后来回忆说：“全校负责人均逃，余一人绾校长、教务长、文理法三学院院长、注册主任、会计主任、仪器委员长之印。临离北平，解雇全校职员、兼任教员及工友。”（1940年8月31日日记）至于在校学生，郑先生决定每人发给二十元做盘缠，使南下或返乡，确保安全离校。至7月29日北平沦陷时，北大校内已无学生。直到10月底，郑先生始收到南下专款，即亲自登门，将之分送到还在北平的每一位教授家中，告以天津接头地址，敦促南下。

11月17日，郑先生与罗常培、魏建功、陈雪屏、罗庸、周濯生等最后一批教授离平赴天津。当天，钱稻孙从北平赶来，力劝郑先生留下，谓郑先生一走，北大要垮，郑先生当即严词拒绝。郑先生从天津乘轮船到香港，再经广西辗转到长沙。而钱稻孙，后来则作了伪北大校长。时湖南《力报》载《沦陷后之平津》一文，详述当时各校情形，谓郑先生“支柱艰危，如孤臣孽子，忍辱负重”云云，对郑先生不畏艰险、苦撑危局且富于正义感的爱国精神，予以赞赏。

二、筹办蒙自分校事务

郑先生于1937年12月24日抵长沙，任历史系教授，讲授隋唐五代史。惜时局变化太快，1938年1月10日顾毓琇告之，临时大学决定再迁昆明。不久，北大校务会议报告迁滇并设驻滇办事处，又以郑先生司总务，郑先生本想借“此次南来，决意读书，以事务相强，殊非所望”。临时大学迁昆明后，改名国立西南联合大学，由蒋梦麟、张伯苓、梅贻琦任常委，梅贻琦为常委会主席。郑先生2月15日离长沙，3月1日抵昆明。由于校舍不足，联大文法学院要暂设蒙自，由郑先生与清华王明之、南开杨石先负责筹办。

3月17日，郑先生抵达蒙自。之后即拜谒蒙自县长、商会会长，商校舍、保安诸事宜；又为教职员及家眷寻住处；还要与包饭商人、理发商人商议包饭、理发之标准与价格，一时未能商定，因“此间县政府各局三等办事员月薪国币十二元，教职员包饭一月，竟与其月薪等，亦无以对此间人士”，抑或“商人欺我辈乎”？至于校舍，租借蒙自海关与东方汇理银行地面，加盖或改建。4 月 1 日校舍竣工，11 日、15 日学生分两批到蒙自，即为布置床位，不意 16 日一早即有二十多个学生来见，“陈宿舍事”。而教职员宿舍，采取抽签法，但郑先生“弃权，俟与后来者到齐同抽。此事纷纭三日矣，惟一己私利是视，吾深耻之”。直到 5 月 2 日，才与最后几位教授抽签分宿舍，郑先生得歌胪士洋行五号房。同住楼上还有闻一多等十几位先生，其中闻先生埋首学问，据说除了上课、吃饭，从不轻易下楼，饭后教授们时常相约外出散步，闻先生总是不去，郑先生劝他说：“何妨一下楼呢？”大家都笑起来，即以“何妨一下楼主人”作为闻先生的雅号。

文法学院设在蒙自的时间虽然不长，但肯定是郑先生联大时期比较幸福的一段岁月。学院进入正轨后，郑先生除了读书、备课、讲授、作文外，时常得与陈寅恪、钱穆、罗常培、陈岱孙、魏建功、朱自清、汤用彤、陈雪屏、邱大年、罗庸、姚从吾、邵循正等远足郊游，探讨学问，常去的地方是菘岛，如 5 月 22 日日记：“九时冒大雨至菘岛，张伞沿堤缓行，四顾无人，别饶野趣，自以为画图中人也。近岛，见从吾张伞、宾四戴笠在前，择路而趣，余又为看画图者矣。”此一节文字，让人读来有一种莫名的惬意。

三、主持北大文科研究所

北大文科研究所是北京大学所设文史哲科研与研究生培养的学术机构，其研究范围大致包括历史与考古、文学与语言、哲学等领域，较重要的学术活动有参加1928—1929年西北科学考察团考古工作并整理所获居延汉简，成绩卓著，影响很大。

七七事变后，文科研究所中断业务。据郑先生1939年5月27日日记，傅斯年到北大，决定恢复文科研究所，自任所长，并请郑先生出任副所长。之所以设副所长，是因为傅斯年主要工作是在史语所，郑先生之副所长，即今日所谓之常务副所长是也。31日，郑先生与傅斯年、杨振声、汤用彤、叶公超、罗常培、姚从吾同到校长蒋梦麟家，商谈恢复事宜，郑先生日记："今后研究生之生活拟采取书院精神，于学术外，注意人格训练，余拟与学生同住。"6月12日，北大召开教务会议，郑先生"报告研究所恢复事宜"。次日，《申报》即刊发《北大文科研究所招研究生七八月两次举行》消息；同时公布《国立北京大学文科研究所招考研究生办法》，该办法对招生名额、考生资格、考试方式、修业待遇、考期时间等都作了详细说明。

任继愈后来在回忆这段学习时，曾说："当时文科研究所的导师有陈寅恪、向达、姚从吾、郑天挺、罗常培、罗庸、杨振声、汤用彤、贺麟。师生们共同租用了一幢三层楼的宿舍，在昆明靛花巷三号。师生们同灶吃饭，分在两个餐厅，因为房间小，一间屋摆不开两张饭桌。师生天天见面，朝夕相处。郑天挺担任文科研究所的副所长，罗莘田先生戏称，我们过着古代书院生活，郑先生是书院的‘山长’。当时同学周法高是罗先生的研究生，周戏编了一副对联：‘郑所长，副所长，傅所长，正所长，正副所长；甄宝玉，假宝玉，贾宝玉，真宝玉，真假宝玉。’对仗不大工稳，在同学中流传。”足见当时风气。

为研究生之培养，郑先生等倾其全力，如 1940 年 11 月 27 日，“开文科研究所委员会，讨论迁川问题，考虑甚久，不无辩难。至夜十二时三刻，始决定仍迁李庄。”迁李庄的目的是依托史语所的研究条件，为研究生能够有更多的图书资料可以利用；12 月 20 日，又拟以祝胡适五十寿辰之名，“请在美诸友向国外捐款五万至十万美金，为北大文科研究所基金设专任导师”，对于“不愿任课之学者，如寅恪、宾四、觉明诸公，皆延主指导”。1941 年，郑先生与罗常培还专程到四川李庄，了解任继愈、马学良、刘念和、李孝定四个人的学习情况。

就在联大时期，北大文科研究所培养出来的学生，如马学良、刘念和、周法高、王明、杨志玖、任继愈、阴法鲁、逯钦立、董庶、高华年、王利器、王叔岷、李孝定、魏明经、王达津、胡庆钧、阎文儒、李荣、殷焕先、方龄贵等，成为后来学术研究的新生力量，或成为某一领域的大师级人物。

四、“斯人不出，如苍生何”

郑先生身为北大秘书长，在蒙自又与杨石先、王明之共同筹办文法学院，其出色的才干，先人后己的精神，为人称道，定然也传到梅贻琦耳中。

1939 年年底，时任联大总务长为清华大学心理系教授沈履（茀斋），因接受四川大学教务长之聘，将辞职。郑先生 12 月 9 日日记：“遇沈茀斋，茀斋应四川大学教务长之聘，请辞联大总务长，谓继任之选无逾于余，力辞之。茀斋去，再向孟邻师陈其不可。呜呼！吾日夜继晷，读犹不足，安有馀暇事此哉？”但是此后，校内多有传出郑先生将任总务长之呼声。1940 年 1 月 8 日，汤用彤劝之勿就，理由是“今日校中学术首长皆属之他人，而行政首长北大均任之，外人将以北大不足以谈学术也。且行政首长招怨而学术首长归誉，若怨归北大而誉归他人，将来学校地位不堪设想矣”，郑先生以为“此语确有远见”。

不意次日，联大召开第一三二次常务委员会会议，出席者：蒋梦麟、梅贻琦、沈履、查良钊、吴有训、王明之、杨振声、黄钰生、陈序经、施嘉炀、冯友兰、樊际昌。其“决议事项”第八条曰：“聘请郑天挺先生为本大学总务

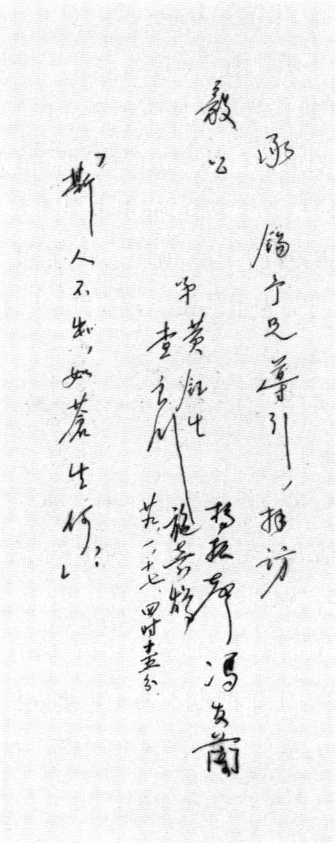

函
锡予兄导引，拜访
毅公
杨振声 冯友兰
弟黄钰生
查良钊
施嘉炀
卅、一、十七、四时十五分
斯人不出，如苍生何？

“斯人不出，如苍生何”便条

长。”之后数日，郑先生力辞不就，多方联络，及至 1 月 15 日与梅贻琦一函，谓“余之不就并未谦让，亦非规避，尤非鸣高”，同时将总务长聘书璧还。16 日，联大召开第一三三次常务委员会，其“决议事项”第五条曰：“郑天挺先生函请收回总务长成命，应由本会同人一致前往敦劝，务请郑先生勿再推辞，即日就职，共荷艰巨。”是日晚间，梅贻琦还专门与郑先生一函，曰：“毅生吾兄：……联大总务长非兄莫属。昨日一函，想已送达，万祈勿更推却。昨与石先约于明日十时到校，由弟陪至教处，与诸同人会晤。足下如亦能于明日上午来校，则同人之振奋更当何如！拜恳拜恳。顺颂晚安！弟贻琦，十六晚。”且杨振声也告之，谓常委会诸人“定明日下午四时来寓敦劝”云。

17 日上午，郑先生先行入校，拟先与梅贻琦商量，可惜梅贻琦未来，遇见潘光旦，“请其转达余下午来晤，不烦枉驾之意”。下午两点，郑先生复入校，本以为潘光旦已转述给诸人矣，不意等到五点后，查良钊、沈履才找到郑先生，且谓诸人都在他的住处等了一个多小时。待到郑先生回到住处，发现有黄钰生、查良钊、杨振声、施嘉炀、冯友兰所留一条，上书“斯人不出，如苍生何”八字。

18 日，北大同事傅斯年、杨振声、汤用彤、罗常培、陈雪屏、吴大猷、江泽涵、饶毓泰等皆以私人情谊，劝郑先生以不就为宜。但到 20 日，傅斯年、杨振声以三校合作为由，又劝之出任，盖“恐余若不就总务长，伤及清华、北大两校情感”。21 日，周炳琳、查良钊、杨振声又劝之就任总务长，“以免引起校际间之磨擦，影响合作局面”，周炳琳还说，“止好牺牲个人，维持合作”。

其时正遇春节期间，诸人皆有时间探讨。而梅贻琦屡向蒋梦麟催促郑先生任职，为维持三校合作之局面，蒋梦麟也只好允之。2 月 9 日，蒋梦麟命郑先生“任至本年夏，以免发生误会”，郑先生“当时心虽不愿，但师命又不便违”，“为免除校中纠纷、两校误会，不能不作一牺牲”。是晚，郑先生与汤用彤聊天，汤用彤建议：“就职之先应先定政策，或全不管，或则雷厉风行，万不可依违两可。”及至 2 月 24 日，郑先生与梅贻琦商定“后日就职”。就职后即面临买米、发薪诸杂事，但这只是一个开端而已。

1942 年 9 月 30 日，吴有训在一次联大会议上说，“自重庆来者均言各大学总务长莫不为众矢之的”，而“联大独为例外”，因郑先生“以德称也”。郑先生感慨道：“余待罪此职忽将三年，幸赖全校之优容，得免陨越，乌足以言以德胜哉！”本来说好只做半年的总务长，却做到了联大的结束。

五、“警报”声里的教学与生活

西南联大时期昆明城遭遇的空袭，其次数与惨状，是我们后人所无法想象的。郑先生作为历史学家，有意识地记录下每一次警报的时间、地点、方式、人物等诸多要素，实为抗战史研究的珍贵资料。

凡遇空袭，一般先有警报，听到空袭警报后迅速躲避，俗称“跑警报”。民谣曰：“预行警报，穿衣戴帽。空袭警报，出门就跑。紧急警报，心惊肉跳。解除警报，哈哈大笑。”空袭警报一响，全城人民基本都往城外跑去，一般都是躲在有坟堆的山岗间，因那些地方有树荫遮蔽，适合藏身。郑先生 1940 年 10 月 13 日记下了联大遭到日寇飞机轰炸事，最为详细：“询知新舍无恙，师范学院被炸，月涵寓亦毁。遂入城，岔至师范学院，见雪屏所居之楼尚存，登之，已洞见星宿。遇啸咸，知其室未毁。转至前院，办公室全毁，惟馀椽柱。男生宿舍及勉仲所居，虽椽柱亦倾折不存，惟瓦砾一堆而已。”而 26 日日记：“勉强越公路线，喘甚，乃缓步行。忽闻枪声，余谓试枪耳，既而续作，知敌机至，急仰卧于田中。稻已割而馀梗犹在，污且湿，不暇顾。见一机冒白烟向东遁，四五机自北来俯而逐之，一时枪声杂作，但无炸弹声。约五分钟而远而微，乃起，偻伛而行，复闻复卧，如是者四。知其声息远去，始沿田塍北行。自逃避警报以来，无如今日之狼狈者，亦无如今日之仓迫者。”除了投弹，还有机枪扫射。呜呼！路人皆成活靶子矣。以至于出现“连日阴雨，今忽开朗，莫不惴惴于敌机来袭”（1941 年 3 月 6

日）之心态。

郑先生日记里也记载了自己两次未跑的经历，一次是1939年12月17日：“忽传外间揭预行警报白旗，全所皇皇。余十一时须入校授课，或劝余勿往，婉谢之。入校，遇霖之于途，亦邀同出北门，复谢之。至校，诸生均在，述松山战后之明清和议，迄下课而警报未鸣。归所途中白旗已撤，幸未他避，否则何以对诸生哉？”“全所皇皇”四字，可谓人之常情，被折磨的不只是肉体，更是精神。学生都不顾安危，坚守在教师，若教师先“他避”了，则真“何以对诸生哉”？还有一次是1941年12月25日：“下午三时四十五分空袭警报，余不能起避，莘田遂亦不走，相伴而谈。此真舍生命以维交情者也，古人生死交情不过是也。”这次是因为郑先生病倒了，无力走避，也看出了朋友之间的交情（莘田即罗常培，与郑先生同年同月同日生）。

六、物价飞涨下的清贫与坚守

郑先生自任联大总务长以来，各种工作、人事的纷繁错杂，其中矛盾棼丝难理之状况，层出不穷，如经费的申请与分配、宿舍的建设与管理、岗位的设置与变动、教工的安顿与调动、学生的招收与教育等诸端，均须参与。特别是在资源匮乏、物价飞涨的情况下，如何正常的发放工资，如何合理的核算生活补助，都是关涉到每一位教职员工的切身利益，如 1941 年 1 月 21 日某次米贴之核算："先期请诸人自填眷属人口表，并须请同事一人、系主任一人为之证明。北大二同事以为觅人证明有辱教授人格，深表不满。乃今日发现某教授之女公子新归某助教者仍填于女家，而未声明何时已嫁。又有某主任生子仅四月，亦照填一岁，而未声明何时出生。尤奇者有某教授夫人月内可分娩，而其子之名已赫然填之调查表矣，且曰依外国法律，婴儿在母胎已享有人之权利矣。"此种事体，需得制定一个可使大家都能接受的方案，且须三校统一，其难可知也。

郑先生的日记，作为西南联大时期的生活记录，对当时教授的清贫与坚守，以及为生存而不得不兼课、写报头文字等，叙说至真。1943 年 3 月 17 日，郑先生为将赴重庆开会，没有合适的衣服，将棉袍一件，托罗庸夫人修理，"五年未制新衣，领袖皆破，日日在校，人人皆穷，固无伤。若入渝则太不整齐，故托为补缀之"。"日日在校，人人皆穷"八字，道出了当时教授们的整体生存状况。5 月 18 日："近来本市物价上涨，情形异常险恶，六年以来同人等随身衣物变卖一空，现状已近崩溃，前途更难设想。"以至于 9 月 1 日到校发现工资犹未发放，郑先生勃然大怒："自余任总务长，必于月底发薪，未尝稍迟。昨日以上月有人事更动，手续未齐，定今日发。及入校，闻仍未发，为之大怒，询之，乃因刚如未至，无人代常委盖章，遂命人往寻，责令下午必发。今非昔比，同人中盖有不能迟半日者也。”读此最末一句，唯剩感慨而已。

为了生计，有些教授还到处兼课，或给报纸写应景文字，郑先生 1944 年 1 月 7 日：“近半年来，昆明各报星期论文每篇酬八百元，小报无聊文字每千字酬二三百元，同人争先恐后，余甚耻之。曾语端升，非贫无立锥，绝不为小报写稿也。”郑先生即使到了连吃一个鸡蛋都是奢侈的时候，也没有兼课，也不曾写过一篇无聊文字，践行着“君子固穷”的士人操守。

七、“维持全校，弥缝三校”

西南联大曾编辑过《联大八年》，其中“教授介绍”一节对郑先生的描述：“联大最忙的教授之一，一身兼三职，是我们警卫队队长。”由于郑先生为人谦逊，生前从未谈过自己对北大和西南联大之贡献，而他人的回忆文章也很少具体叙及。任继愈《西南联大时期的郑天挺先生》说：“总务工作十分繁杂、琐碎，经常有些无原则的纠纷，三校联合，人员的成分也很复杂，郑先生处之以镇定、公平，不动声色地把事情办了。……我们用了好几天的时间，清理他八年来的函件、文件时，才知道他默默无闻地做了大量的工作：为学校延揽人才，给同事平息争端，消除了一些派系之间处于萌芽状态的对立。……先生善于处理纠纷，协调同事之间的关系，对不利于三校团结的言行不支持、不扩散，使它消弭于无形。”但这份回忆也只是结论，没有具体的事件。

通过日记，我们看到了各种各样的麻烦事。有时因触及一些教授利益而被误解，但郑先生出以公心，坚持原则，如 1941 年 2 月 21 日，拟将北大靛花巷宿舍迁移到才盛街，多人反对，郑先生说：“余又何能以三数人便利之故，而虚耗校款，况以三数人者余亦在内乎？……故自学校立场言之，余不能不力劝同人迁居于校，实为未忠于友，亦不能诤也。”如 1942 年 9 月 9 日，联大校务会议决议“自十月起教职员每人发房贴一百元，以后宿舍用费由住宿同人自理”，之所以如此处理，因为住宿舍的情况非常复杂，“雪屏以为总务处必大挨骂；岱孙以为凡识大体者必同情，挨骂可不顾；召亭谓数字如此之惊人，值得考虑。上星期常委会原则上已通过，今日更在校务会议讨论。三日来此事已遍传学校，住宿舍诸同人多表反对。然余自谓出之大公，余亦住宿舍者也，其便利身受之，固不敢以此自私，以此损及学校而不顾”，终获大家之赞成。

有些事虽不属于总务处职责，郑先生也敢于担当，如 1940 年 9 月 2 日，因梅贻琦不在学校，“今日公文财务，余虽未奉命，皆代行，恐其停顿也”。10 月 14 日师范学院被炸，“余遂不待商之常委，立时宣布下午发贷金一月，并设法救济被难学生，将学生衣物设法移之郊外图书馆，书籍即刻装车，送之龙头村”。1941 年 3 月 18 日，“昨日为学生贷金事不能入梦。此事本无预总务处，然勉仲入渝，逵羽新归，雪屏代理，若不代筹善策，一旦溃决，恐难收拾”，提出两条处理方案，得陈雪屏、梅贻琦同意，即“电部请示”。1942 年 9 月 16 日，公米储销处通知停止供给公米，“此事本属训导处，而勉仲三日未入校，与子坚访求附属学校校舍，不得已越而代命”。诸事皆站在联大全局立场上考虑，其间个人所承受之压力，可想而知。

至于调解教授之间、职员之间的误会纠纷，劝阻教授辞职，消除一些教授不利于学校团结的言行，日记中也多有记载，如 1941 年 3 月 30 日，蒋梦麟校长司机老徐与邻家女仆发生口角，引发出了的众教授与蒋太太之间矛盾（实际是对蒋梦麟不满所致）的逐渐升级，郑先生日记：“若以数教授之力而不能去一车夫，则成何体统。”但是蒋太太坚决不同意辞退，曰：“苟学校必斥革之者，私家当仍用之，不复支学校工资。”郑先生以为，“若学校去之，而私人用之，将益生纷隙”，又谓“近来北大多事极矣，余每事弥缝”，此事前后数月，终得平息。1942 年 3 月 6 日，郑先生与梅贻琦收罗常培来信，拟在喜洲多留两周，调查语言，请校中补助。但此事非校方安排，稽留两周之课业，委之他人，造成矛盾。最后以郑先生代罗常培正式请假，属个人行为，目的是“一以弥缝此事，俾后来选课者可由今甫签字；二以稍息外间烦言，表示与上次入川不同；三以示尊重职责”。对于此两人事，郑先生亦绝不徇私。

1940 年 5 月 24 日，汤用彤与郑先生谈及北大之前途，不胜忧虑，“言间颇以公正相奖许，谓此或许尚是一点维系力”。郑先生则说：“但得常以公正事学校，以事师长，以事同人，吾意足矣。”正因为郑先生凡事出于公心，处处调停，“维持全校，弥缝三校”，所以得到了北大教授和联大教授的认可与赞许。应该说，西南联大能够维持运转，团结合作，郑先生作出了极大贡献。

八、“不敢以怨”之痛

读罢郑先生日记，再联系到其前后的人生境遇，让人感受到郑先生这个人，其一生大多数时间都是在悲苦中度过的，实在是一个悲剧的人生！不过郑先生性格坚毅，胸怀广阔，能在坚忍中度过一切苦厄。

郑先生七岁父丧；八岁母亡，同年其姐、二弟夭折，遂与三弟寄养到姨父母家，由表舅梁巨川监护，并由表兄张耀曾、张辉曾对其进行教育。1921 年 8 月，在北京与周稚眉结婚。在之后九年间，于福建、南京、杭州等地工作，直到 1930 年 11 月随蒋梦麟校长回北大，才算过上较为稳定的生活。可惜 1937 年 2 月 27 日，周稚眉因手术失

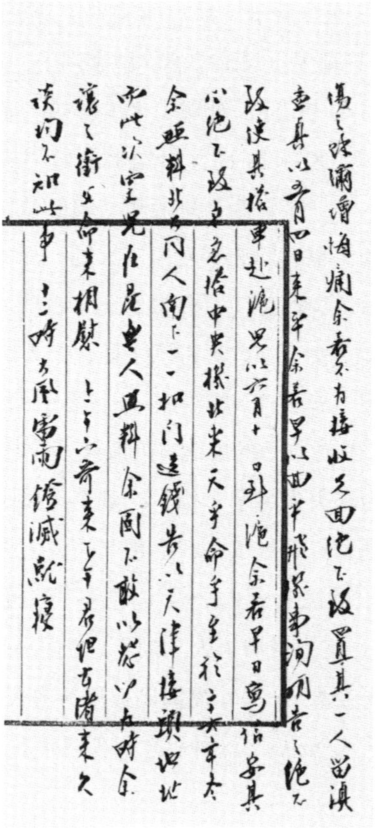

郑天挺 1946 年 7 月 14 日日记

败辞世，留下五个孩子（最小的三岁）。未几而卢沟桥衅起，11 月 17 日郑先生强忍悲痛，抛家别子，离平赴长沙。

1938 年 7 月 26 日，对郑先生成长最为重要的表兄张耀曾不幸病逝。8 月 23 日，郑先生自昆明出发，借道海防、香港返上海，亲自为料理后事。当时从昆明与郑先生一起赴上海的，也有回北平看望家人的；而郑先生处理好表兄之丧事后，径回昆明，并未回北平看望一下一年多未见的五个幼小子女，必有不得已之处，令人唏嘘！

在日记里，郑先生对于父、母、妻子的生日、祭日，每次都登记。其对妻子的思念，可谓触处皆是。看到梅花，会想起，因为郑夫人另字芯梅；吃到扬州风味，会想起夫人之手艺；喝酒打牌过了头，会想起夫人之告诫；听闻其他女眷吵架，就忆及夫人之处世原则……1942 年 2 月 21 日："今日为亡室周稚眉夫人五周年忌日。……轻装南来，无日不以夫人为念。……昨夜偶忆五年前夫人入医院情形，其悔痛又不止泫然也。"这种思念，似已内化为一种精神，一种执念。

除了对妻子的思念外，对五个孩子的挂念，那更是随处可见。遇到每个孩子的生日，都有记录。其有两句诗，"万里孤征心许国，频年多梦意怜儿"，先后提到三次。1946 年 7 月 7 日："余只身南下，留儿辈于北平，含辛茹苦者九年，而气未尝稍馁，固知必有今日。九年中所怀念，惟儿辈耳。"1943 年 8 月 14 日，郑先生长女郑雯经过千辛万苦，只身一人自北平抵达昆明。郑先生对她的关心与照顾，流露在后来日记的笔墨之间，让人看着都感到非常的温暖。1945 年 9 月 3 日，郑先生为北大复员事先行北上，留郑雯在昆明继续读书。

郑先生西南联大时期的日记，截止于 1946 年 7 月 14 日："晏儿得友人李君电话，谓报载前日中央航空公司飞机自沪飞平，在济南失事，名单中有雯儿之名。初不敢信，以前得来函，须十四日以后动身也。……下午欲睡不能，两次登榻，三次倚枕，一瞬即醒。……比晚再取报纸读之，玩其语意，绝难幸免，悲伤之馀，弥增悔痛。余若不为接收先回，绝不致置其一人留滇。孟真以五月四日来平，余若早以回平飞机事询明告之，绝不致使其搭车赴沪。儿以六月十□日到沪，余若早日写信安其心，绝不致急急搭中央机北来。天乎！命乎！至于二十六年冬，余照料北大同人南下，一一叩门送钱，告以天津接头地址，而此次雯儿在昆，无人照料，余固不敢以怨也。……十二时大风雷雨，灯灭就寝。"

每每读到此处，其中"两次登榻，三次倚枕"、"弥增悔痛"、"天乎！命乎！"、"余固不敢以怨也"、"大风雷雨，灯灭就寝"数语，都不禁动容。而一年前的 1945 年 8 月 20 日，郑先生日记写道："饭毕，偕雯儿还舍，谈考试及回家事。"1946 年 7 月 6 日："雯、晏两儿生日，上供。雯在沪，未及还，殊念之。"回家，回家。如今家还在，人却回不来了。这种锥心之痛，比起九年前的丧妻之痛，更是绝望！

郑先生此后的日子如何，心境如何，我们很难知道。郑先生性格中有一切以学业为重、绝不能以家事干扰事业之意志，故其内心之痛苦，更是他人无从感觉得到的。但长女郑雯之丧，对郑先生的打击无疑是巨大的，直到五年后的1951年6月9日，郑先生才重开日记的写作，引首专门题一句，曰："自雯儿之亡，久停日记。日月如驶，新生请自今始。"所谓"新生"，就是对此前五年痛苦心路最为贴切的写照了。

郑先生曾说："大抵君子立身，禀之天性者半，得之于圣哲遗训者亦半，尤要者在师友之砥砺。"此种认识，在三校合作局面下，互相搭台，互相补充，互相支持，尤为重要。而其学问人品、办事才干与负责精神，亦足以当之。《郑天挺西南联大日记》所记录下的，不仅仅是郑先生个人，同时也是西南联大师生在这一时期教学、研究、工作、学习、生活的重要往事，更是抗战时期那些满怀爱国热忱的中国知识分子保存文化火种、投身教育救亡的真实见证。

原载《光明日报》2019年1月19日，题作"郑天挺：为民族保存文化火种"

宋云彬旧藏书画本事考

一、宋云彬生平简档

宋云彬先生（一八九七——一九七九），浙江海宁人。著名的文史学家、编辑家，坚定的爱国民主人士，一生从事进步文化活动。一九二四年加入中国共产党，曾任黄埔军校政治部编纂股长，“四一二”事变后任武汉《民国日报》编辑，兼国民政府劳工部秘书，“四一二”和“七一五”事变后均遭国民党通缉。二十世纪三十年代任开明书店编辑，主持编辑校订大型辞书《辞通》，主编《中学生》杂志。一九三八年四月，应郭沫若邀请，到武汉参加郭沫若主持的军委会政治部第三厅工作。抗战期间在桂林参与创办文化供应社，编辑《野草》杂志。抗战胜利后到重庆主编民盟刊物《民主生活》。一九四九年从香港到北京，参加教科书编审工作。一九五一年底调任浙江省人民政府委员，任省政协副主席、文联主席、省文史研究馆馆长等职。是第一届全国政治协商会议代表，第三、四、五届全国政协委员，民盟中央委员。一九五七年被错划作右派，次年调北京任中华书局编辑，参与“二十四史”的点校与编辑工作，被誉为点校本“二十四史”责任编辑第一人，为新中国的古籍整理事业做出了卓越的贡献。一九七九年二月右派得到改正，同年四月逝世。

宋云彬先生热爱生活，兴趣广泛，喜欢字画、端砚、围棋、昆曲、中医，喜欢种花、植草、养鱼，喜欢饮酒、美食、叼烟斗，喜欢与朋友畅谈。而他所从事的工作，使得他与现当代文化名人交往频繁，或诗词唱和，或流连书画，鸿雁往还，寄情笔墨，最是相宜。其间经历解放前的东西奔走，以及解放后的数次政治运动，能够保存下来之书画作品与友朋书札，就显得弥足珍贵。劫馀什袭，云烟旧事，其意义也更为特殊了。

二、书画之来源

此批书画之来源，一则为他人赠送，一则为自己购买。

其中保存最早的一件获赠品是黄起凤的《王维诗意图》，题识曰：“山路原无雨，空翠湿人衣。庚申十二月，写赠行彬仁兄有道教之。晓汀黄起凤，时客鹃湖。”按，庚申年十一月廿三为公元一九二一年元旦，则十二月已入一九二一年矣。又按，“行彬”即“云彬”，吴语云、行音近。其次为经亨颐的《寿桃竹石图》，题识曰：“云彬先生三十寿。十五年十月，颐渊画桃，时同在广州。”按，一九二六年十月，宋氏任职黄埔军校，经氏任中山大学校长。再其次是同里姻戚张宗祥先生《草书陶渊明饮酒诗》，题识曰：“云彬姻叔以墨相赠，出纸索书。因为录陶诗数章。戊辰六月大暑后三日，张宗祥。”按，戊辰为一九二八年。

除上述三件，以及一九四四年何香凝《劲松寒菊图》与柳亚子《纪事诗卷》、一九五一年何遂《留云厂图》、一九五九年陈半丁《黄花故人图》、一九六一年张宗祥《深柳读书堂图》、一九六二年沈尹默对联立轴等数件外，其馀获赠书画，大都是任职浙江时期所得（其中一九五六年适逢六十大寿，获赠不少。宋云彬十月十七日日记：“钱镜塘赠予扇面一，陆小曼画、沈玉还字，皆题双款，精极。沈玉还，沈淇泉之女，所谓沈七小姐者也。又为予求得吴湖帆画扇面，上题‘云彬先生六十寿’。”俞振飞五月二十三日与宋云彬函有“尊笺稍缓当有报命”语，丰子恺八月十七日致函中亦有“扇面草就，送上乞正”句，惜二者今未见），如黄宾虹、马一浮、任铭善、吴湖帆、俞平伯、陆小曼、钱镜塘等所赠作品，皆甚精善。

自一九五七年被打成右派之后的二十馀年间，今留存有系年之书画仅两件。一为一九五九年深秋，陈半丁所赠

《黄花故人图》扇面，上题“莫言满眼无知己，惟有黄花是故人”，寓意深远。按，是年五月二十九日，宋氏赴赵登禹路政协礼堂参加学习会，会间休息之际，“陈半丁殷勤问余近来身体何如”（是日日记），故有是作。另一件是一九六一年十一月张宗祥绘赠《深柳读书堂图》（详见下文）。其他未署年月者，据日记可知，有一九六一年五月十七日得溥雪斋所写扇面，一九六二年五月十三日得丁裕长所赠马一浮字（今存节录《行书沈约郊居赋》立轴，无上款，丁氏所赠者当是此件）。沈尹默作品两件，宋氏之初见沈氏在一九六二年四月十一日，丰子恺是年六月五日致宋云彬函有“弟已函告尹默先生，并代为敦促墨宝，想不日有复寄上”云，似是宋云彬请丰子恺出面为自己所求者。所存两件，一对联，一立轴，皆署上款，其对联尤精，实为沈氏不可多得之佳构。

除得友朋赠送之外，宋云彬也偶尔购藏清代与民国间人物的书画作品。只因其妻一向反对其购买金石书画，认为是“无用之物”，故宋氏极少买大件。一九五二年四月二十七日日记：“晚邀张惠衣来看程姓送来之书画，大都赝品，仅张子祥画及翁同龢书扇面是真迹，然亦不值钱也。”今翁同龢所书扇面尚存。

一九五五年十一月，宋云彬在张宗祥鼓动之下，以二百元巨资购金农《冬心墨妙册页》、施养浩《樵黄鹤山樵村舍图卷》、奚冈《石湖记游图》三件，应该算是“豪举”了。八日日记：

看张阆声。先是章劲宇出其所藏奚铁生《石湖记游图》立轴、金冬心真迹册页、施茗柯《橅黄鹤山樵村舍卷》求售，共索价二百元，阆声怂恿余买之。余以迁葬先父先母墓费七百馀金，一时无此馀款，且妻向不以余购买金石书画为然，勉强为之，必闹无谓之闲气，遂商之阆声，请其暂为垫付二百金，待余得有稿费时陆续偿付，陆续取件。

今日新文艺出版社汇来发表费（余所撰《洪昇和他的作品长生殿》收入该社出版之《古典文学论文集》），一百四十八元五角，拟以一百元付阆声，先取回奚铁生《石湖记游图》及施茗柯《橅黄鹤山樵村舍卷》，阆声欣然允诺。

九日日记：

将新文艺出版社之邮政汇票签名盖章，嘱文管会工友向邮局取款，即以一百元付阆声。……余以新文艺出版社汇来发表费之馀款四十八元五角交妻，伪言原数为六十八元五角，二十已交张阆声作买字画之用，妻大笑，谓“汝又费钱买无用之物矣”。余计大善，此所谓君子可欺以其方也。

十日日记：

奚铁生《石湖记游图》题乾隆甲午作。按铁生生于乾隆十一年丙寅，卒于嘉庆八年癸亥，乾隆甲午铁生二十九岁，此图为铁生早期作品也。

从九日日记中“伪言”，到“妻大笑”，再到“余计大善”，宋氏当时因计谋得逞而兴奋之状跃然纸上。

日记记载购买字画的，还有两条。一九五六年十二月四日日记：

饭后赴李劬人宅看字画。有人送字画来卖，我买了一张立幅，是郭尚先写的字，价二元五角。

三十一日日记：

上午任心叔来，同到小扬州那里去看书画，买了一幅陈奕禧写的字，价四元（加裱工六元，共十元）。王竹斋家里卖出来的一批字画，可惜都是残缺不全的，有三条屏条，是钱献之（坫）写的隶书，缺第一条。第三条第二行和第四条拼起来，刚好一首诗，我出价二元买下来，叫小扬州给拼成一幅立轴。

今郭尚先、钱坫两件尚存。通过三十一日日记，我们知道钱坫的《隶书杨万里人日出游湖上诗》，实际是根据钱坫残存的屏条剪贴而成，因为此件作品有明显的拼接痕迹。其馀如吕焕成、蒋宝龄、王杰、张廷济、王懿荣、金恭仁、任熊、任预、任伯年、王礼、胡义赞、顾澐、吴昌硕、郑文焯、朱偁、蒲华、贺良朴、顾鹤逸、汪诒书、吕多保、陈曾寿等的作品，估计也是这段时间所购的。

三、书画之内容与价值

此批书画内容丰富，名家云集，其清代诸件，流传有序，又经藏家赏鉴，颇多可观；友朋所赠者，大都精美，且多故事，足资考索。兹选取数件，稍作勾勒。

金农《冬心墨妙册页》

一九五五年十一月与施养浩《樵黄鹤山樵村舍图卷》、奚冈《石湖记游图》同购。此册页计四帧，水墨绢本，楠木夹板。阮性山题“冬心先生墨妙。馀杭章氏劲寓珍藏”，赵叔孺题“冬心墨妙。鸣鹤草堂主人珍藏”，曾经赵宧光、金传声、章劲宇递藏。

第一帧春笋，题识曰：“夜打春雷第一声，满山新笋玉棱棱。买来配煮花猪肉，不问厨娘问老僧。百二砚田富翁画并题。”钤印：金吉金印、稽留山民。鉴藏印：赵宧光之印、叔孺审定、砚水生春、松蘅室、章劲宇所得杭郡名人书画印。

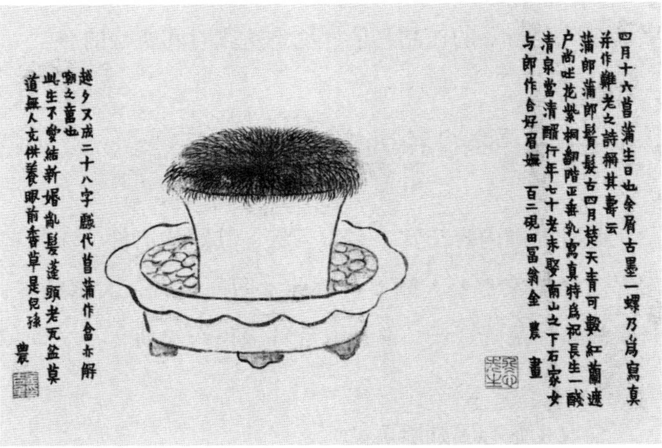

金农《冬心墨妙》册页之菖蒲

第二帧棕榈，题识曰："宝树具妙相，香界围一林。大叶若坏衲，纷披何萧森。林中僧未归，谁向石坞寻。负此念佛鸟，清昼连夕阴。寿门金吉金画并题。"钤印：生于丁卯、冬心先生。

第三帧菖蒲，题识一曰："四月十六，菖蒲生日也，余屑古墨一螺，乃为写真，并作难老之诗称其寿云。蒲郎蒲郎须发古，四月楚天青可数。红兰遮户尚吐花，紫桐翻阶正垂乳。写真特为祝长生，一盏清泉当清酹。行年七十老未娶，南山之下石家女，与郎作合好眉妩。百二砚田富翁金农画。"二曰："越夕又成二十八字，戏代菖蒲作答，亦解嘲之意也。此生不爱结新婚，乱发蓬头老瓦盆。莫道无人充供养，眼前香草是儿孙。农。"钤印：冬心先生、金吉金印。

第四帧松树，题识曰："松风泠泠洒面凉，十丈不已青盖张，针如灵鼠尾更长。松花黄，松卵香，下有茯苓夜有光，目明耳聪采作粮。山中之人百岁强，前村往往闻石羊。曲江外史金农画并题。"钤印：古杭金由、冬心先生。鉴藏印：秀水金兰坡搜索金石书画、金传声。

按，金农（一六八七——七六三），字寿门、司农、吉金，号冬心先生、稽留山民、曲江外史、百二砚田富翁、昔邪居士等，钱塘（今杭州）人。乾隆元年丙辰（一七三六）荐举博学鸿词科，应试未中，郁郁不得志，遂周游四方，走齐鲁燕赵，历秦晋吴粤，终无所遇。晚寓扬州，卖书画自给，布衣终身。年至五十，始学画，因学识渊博，浏览名迹众多，加之书法功底深厚，终成一代名家，为扬州八怪之首。善画竹、梅、鞍马、佛像、人物、山水，造型奇古，善用淡墨干笔作花卉小品，古雅拙朴，凝练厚重。

世传金农画作，其于乾隆十九年甲戌（一七五四）所绘册页（如辽宁省博物馆藏），多此类花卉，如绘于三月上巳后二日之《杂画册》有“棕榈”一帧，题识与此件相同，落款“稽留山民金农画于昔邪之庐并题而书”，钤“金氏寿门”印。方濬颐《梦园书画录》卷二十三著录《金冬心花卉册》十二帧（有“棕榈”一帧），其于“葡萄”后署时间为“甲戌三月上巳后二日”，“木犀”后署时间为“甲戌三月清明后二日”。是年之夏，又为卢见曾绘《画吾自画图册》（浙江省博物馆藏），有“棕榈”、“菖蒲”二帧，其题识亦皆与此件相同，惟“棕榈”之落款为“十九松长者画并题其上，仿唐顾司户诗体也”，钤“金吉金印”印；“菖蒲”小序“余屑古墨一螺”作“余屑元时林松泉代郡鹿胶墨一螺”（这与贝墉辑《冬心先生甲戌近诗》所录一致），落款“寿门又书”。乾隆二十三年戊寅六月，作《金冬心书画册》，有“菖蒲”一帧，题识亦与此件相同；另作《墨笔花卉册》，有“菖蒲”三帧，题诗却皆与此异。

金农是非常喜欢菖蒲的，且亦喜以菖蒲与石作喻，有诗曰：

石女嫁得蒲家郎，朝朝饮水还休粮。
曾享尧年千万寿，一生绿发无秋霜。

又曰：

五年十年种法夸，白石清泉自一家。
莫讶菖蒲花罕见，不逢知己不开花。

金农另有《乞橙里主人茅山菖蒲诗》漆书扇面（见中国嘉德国际拍卖有限公司二〇〇五秋季拍卖会中国古代书画专场），录绝句二首：

句曲第三白云涧，涧底香蒲不轻见。
仙郎作供读仙书，绿骨如飞丹九转。

引年何处觅琼英，卑视灵茅与杜蘅。
乞来岂但〔洗〕烦恼，令我道眼增双明。

其跋曰：

右诗为余去年乞橙里主人茅山菖蒲之作也。书录便面，颇不见丑。惜“但”字下失写“洗”字。七十老夫乃至于此，再加十年又当何如耳！昔邪居士金农记。

此二首又著录于《冬心先生杂画题记补遗》(载黄宾虹、邓实辑《美术丛书》三集第一辑),署款“稽留山民画茅山菖蒲并题”,惟“轻”作“经”、“绿”作“轻”、“琼”作“芝”。金农晚年有斋曰九节菖蒲憩馆,足见其对菖蒲之好深且远也。

又,金农于乾隆二十年乙亥六月作赠卢见曾《花果册》(北京荣宝拍卖有限公司二〇〇六年秋季大型艺术品拍卖图录,又见西泠印社拍卖有限公司二〇〇九年秋季艺术品拍卖会图录),乾隆二十六年辛巳秋日作《花卉蔬果画册》(中国国家博物馆藏)、《花果册》(上海朵云轩拍卖有限公司二〇一四春季艺术品拍卖会),二十七年壬午作《花卉图果册》(上海博物馆藏),都有“春笋”一帧,所题之诗,俱与此同。

清代藏书家贝墉所辑《冬心先生甲戌近诗》一卷,内收金农诗作十一首,其跋曰:

此冬心先生书近作于小册赠杭堇浦太史者,鲍丈渌饮曾见真迹云。贝墉志。

杭堇浦即杭世骏,鲍渌饮即鲍廷博,可见其来源有自。所录《松》《菖蒲》二诗(《菖蒲》诗仅有第一首,无代答之作),与宋氏所藏同。《冬心先生甲戌近诗》为赠杭世骏册页上所题者,其《菖蒲》《松间曲》《梅》三诗与赠卢见曾者全同，且皆作于乾隆十九年甲戌。

由此可知，自乾隆十九年甲戌以后，金农常将“春笋”、“棕榈”、“菖蒲”、“松树”、“葡萄”诸物入之画册，且以不同的组合，形成不同的册页，其题诗虽多数相同，但落款与所钤之印却随时变换，据此或可推定《冬心墨妙册页》之创作时间。

又按，金农赠杭世骏之《菖蒲》，仅录第一首，无代答诗；而绘赠卢见曾者，虽有代答诗，然代答诗之字体、墨色却与第一首迥异。而此本《冬心墨妙册页》上之二诗，字体与墨色全然一致。诗前小序曰：

四月十六，菖蒲生日也，余屑古墨一螺，乃为写真，并作难老之诗称其寿云。

据此，颇疑赠杭世骏者，即作于乾隆十九年甲戌四月十六日（中国嘉德国际拍卖有限公司二〇一一年嘉德四季第二十八期拍卖会图录有金农款《花卉小品册页》，其“棕榈”之落款即为“甲戌四月”）；未几，又应德州卢见曾请，为绘《画吾自画图册》，并以同题材诸作相赠，答诗所谓“越夕又成二十八字，戏代菖蒲作答，亦解嘲之意也”，则出现此答诗，想必是在赠杭世骏之后了。待后来再绘菖蒲时，两首诗同时题上，则又在情理之中矣。

金农一生坎坷，尝尽人间艰辛，其《冬心先生集自序》曰：

孤露以后，旧业随废，旅食益困，因念玉溪生有打钟扫地，为清凉山行者誓愿，因亦誓愿，五十之年，便将衣裓入林，得句呈佛，以送馀生。

诗有“除非前生此山僧”、“天生佛性人得知”句，别号则有冬心居士、昔邪居士、莲身居士、金吉金、苏伐罗吉苏伐罗（“苏伐罗”即“金”之梵典译音）、心出家庵粥饭僧等，都是与佛缘有关，而其交往圈中亦多释子、居士，且出行时常寄居僧舍，题诗作画。

乾隆十六年辛未除夕（一七五二年二月十四日），金农在扬州，有《辛未除夕独酌苦吟忆老妻曲江江上》三体诗：

作客身千转，忆家肠九回。扬州好厨娘，可惜是孤杯。

春碓纺车人老，芦帘纸阁灯深。定设香花供养，一躯长带观音。

岁去堂堂挽莫追，最难忘事是霜帷。四婆裙子新浆洗，今夜捣声生别离。

据此可知，金农妻子之卒当在乾隆十七年壬申以后。又《画佛题记》曰：

上世慧业文人奉佛者，若何点、周颙之流，然未能断荤血而节情欲，当时故有周妻何肉之诮。予自先室捐逝，洁身独处，旧畜一痖婢，又复遣去。今客游广陵，寄食僧厨，积岁清斋，日日以菜羹作供，其中滋味，亦觉不薄。写经之暇，画佛为事。七十衰翁，非求福禔。但愿享此太平，饱有江南诸寺门前山色耳。

此段文字收入《冬心先生画佛题记》，又见诸广东省博物馆所藏金农《题画佛题册》，惟赵叔孺“橅冬心老人古佛像”（载香港九雅堂《中国近代绘画》）于文末复有“乾隆二十五年四月，杭郡金农”之署款。金农生于康熙二十六年丁卯（一六八七），乾隆二十五年庚辰（一七六〇）七十四岁，根据上文中“予自先室捐逝，洁身独处，旧畜一痖婢，又复遣去”，再结合《冬心墨妙册页》第三帧菖蒲题识“行年七十老未娶”、“此生不爱结新婚”二句，则其妻盖卒于乾隆十七年壬申至十九年甲戌（即金农六十六至六十八岁）三年之中。

综上所述，我们大致可以推定，《冬心墨妙册页》当作于乾隆十九年甲戌或稍后。

施养浩《橅黄鹤山樵村舍图卷》

施养浩（一七一八—?），字静波，号茗柯，又号西髯，钱塘（今杭州）人。乾隆十六年辛未（一七五一）三月，乾隆帝南巡，曾往浙省敷文书院，命在院诸生和韵，施养浩和曰："峰回路转葛芳园，玉辂晨临讲院门。地叶卷阿多吉士，韵赓天藻溯词源。读书夙凛儒修重，向日端由物性成。拜手郊原瞻盛典，吟成只是愧清敦。"因此得"杭州府拔贡生，钦取一等四名"（《杭州三书院纪略》卷三），十八年癸酉举人，十九年甲戌会试下第，补翰林院功臣馆誊录。至二十八年癸未正月二十七日，施养浩递呈奏折曰："臣施养浩，浙江杭州府钱塘县人，年四十六岁。乾隆十八年举人，考补翰林院功臣馆誊录。议叙以知县用，今掣得四川雅州府荥经县知县缺。敬缮履历，恭呈御览，谨奏。"（《中国第一历史档案馆藏清代官员履历档案全编》）施氏"既得官，甫抵任，坐前在郡王府中教书，听从人代为求书，发巴里坤效力赎罪，开渠筑堡。三年之中，具有劳绩，邀恩回籍"（朱文藻《碧溪诗话》）。工书，能山水。著有《友梅阁诗》《涵晖集》《出塞入塞诗》等。

此幅《橅黄鹤山樵村舍图卷》，据题识"乾隆乙亥长夏寓燕台之颖园"，则作于乾隆二十年乙亥（一七五五）。卷头有刘戌厂一九五〇年所题签条。此件曾经朱潜（字稺臣）收藏，前有朱麐书一九二六年所题"黄鹤真谛"引首。

卷末有梁同书、潘飞声跋，前者将此卷之创作与流传，以及施氏之情况交代较为清楚。录如下：

茗柯同年甲戌下第后，馆于京师范氏之颖园，与余寓舍较近，时相过从。一日家乡寄至黄鹤山樵卷一，邀其同赏，叹为精绝，乞依样橅一本，欣然许诺。越数日，挟卷来曰："动笔方知古人真不可及，貌虽似，而神则非矣。"茗柯固自道，亦个中人见到语也。即付名手徐翁装之，藏箧中，自北而南，久不记省。盖不觉忽忽垂五十年，不知何时失去，辗转归于小年十兄处。小年亦不知也，会属余跋数语于尾，一展卷，如见我故人，掀髯落笔时，而锦褾犹新，宰木已拱，不能无今昔之感焉。小年固请还璧，余不谓然。茗柯科名蹭蹬，中年才得一官，遽见颠蹶，及归来塞上，已迫桑榆。翰墨流传绝少，此卷为鉴家所得，不至零落它所，幸也！况小年与茗柯至戚，而余复衰老，不堪把玩，又安知不为蛛丝煤尾所辱，存此一重公案，为村舍图增一胜赏，岂不孅欤？余故为识其款末而归之。嘉庆三年戊午腊月十二日雪后微冻，山舟梁同书书，时年七十有六。

施氏乾隆十九年甲戌科会试下第后，客游京师，入郡王府幕，供职翰林院功臣馆，且"议叙以知县用"，以善书画，"为群公所重"（朱文藻《碧溪诗话》），因得荥经知县一职，故梁氏称为"中年才得一官"云。梁氏又谓"及归来塞上，已迫桑榆"，此与朱文藻《碧溪诗话》所记"余馆汪氏振绮堂，适逢茗柯塞外归，把臂剧谈，须眉皓然”一致，其自塞外归来盖在乾隆三十一左右。嘉庆三年戊午腊月十二日已是公元一七九九年一月十七日，距作画时间相去四十四年；“宰木已拱”，则施氏之卒当亦数年矣。

梁同书（一七二三——一八一五），字符颖，号山舟、不翁、石翁，钱塘（今杭州）人。大学士梁诗正之子。乾隆十二年丁卯（一七四七）举人，乾隆十七年壬申特赐进士，改翰林院庶吉士，散馆授编修。后任顺天乡试监考官、会试同考官、翰林院侍讲、日讲起居注官。年四十乞归，嘉庆十二年丁卯（一八〇七）赐加侍讲学士衔，旋复辞官归里。梁同书此跋，作于家居时期，后收入《频罗庵书画跋》卷十二，且于“小年十兄”下注曰“汪日永”。

按，汪日永，字观成，号静庵、小年、筱岩，钱塘（今杭州）人。乾隆四十五年庚子举人，候选太常寺博士。因家藏毛奇龄诗文板片，四十六年辛丑三月初十日为闽浙总督陈辉祖奏请查收。日永兄弟十人，登科目者五（见《杭郡诗三辑》汪日章小传），周骏发《卧陶轩诗集》有《汪荻江（日焚）小山（日桂）筱岩（日永）太完（日全）》诗：

归愚群从在，予季独先灵。为政崇文史，藏书守石经。尽人夸笔墨，续隶见精英。寂寞归兴晚，愁过绘雪庭。归愚轩四壁皆绘雪景，往予读课其中。今荻江宰滇南，引疾告归；小山钞书恬守；小年游情翰墨；太完刻《隶释》《隶续》，早下世，良可叹也。

其谓“小年游情翰墨”，与梁同书跋所言“此卷为鉴家所得，不至零落它所，幸也”，适可对读。施、汪二人生同地，且又同时，梁同书跋谓“小年与茗柯至戚”，良有以也。

卷末另有潘飞声跋，谓“此卷书画精绝”，故“为赋长句题尾”，诗曰：

谁仿山樵村居图，空中黄鹤犹翔舒。铜盘炽炭添榾柮，煮茶温酒寒可祛。四山草木尽坚瘦，村翁觅句行徐徐。门前翠竹每自洗，屋背青山时可呼。图画通灵夜濯出，世人争怪顾氏厨。延津神剑偶一见，赵璧返椟光夺朣。山舟老子懒成癖，停云话旧增叹吁。画里沧桑刹那耳，展卷如过黄公垆。苍虹贯月倍生色，我欲携登江上舻。

潘飞声（一八五八——一九三四），字兰史，号剑士、心兰、老剑、剑道人等，室名有水晶庵、崇兰精舍、禅定室，广东番禺人。南社成员，曾任香港《华字日报》《实报》主笔，晚年潜心金石书画之鉴藏与研究。署款“庚午三月将往松江看桃花，收语及游意，一时兴到耳。水晶道人潘飞声，年七十又三”，庚午为民国十九年，即一九三〇年。

钱杜《墨梅图》

钱杜（一七六四——一八四五），字叔美，号松壶小隐、松壶、壶公，钱塘（今杭州）人。嘉庆五年庚申（一八〇〇）进士，官主事。好游，一生遍历云南、四川、湖北、河南、河北、山西等地。嘉庆九年癸亥居嘉定（今属上海），道光二十二年壬寅（一八四二）英军攻略浙江，避地扬州，后客死他乡。

此件卷头有石园居士张克和所题“钱叔美墨梅真迹精品”签条。四边有应时良、沈傅洙、孙元培、醒迷禅山人题诗。系钱杜为崇德蔡锡琳所绘，据其题识曰：“虚斋净无尘，寂历如太古。支起读书窗，静玩寒梅吐。　旭日暖烘门，香到乌皮几。数点着横枝，春风吹不已。此道光戊戌春为笑拈主人题数点梅花室图句也。辛丑秋八月，书来属余写墨梅一帧，并索书旧作于画左。秋雨中在小裴回楼，钱杜题记。”钤印：履无咎斋、壶公、松壶先生、钱杜印信。辛丑为道光二十一年（一八四一）。

应时良题诗曰：“画手西泠孰老成，金冬心后此齐名。分明自写诗人照，通体玲珑彻骨清。壬寅冬日题松壶墨梅，书请笑拈仁六兄大人教之。笠湖应时良。”钤印：时良、笠湖。

沈傅洙题诗曰：“脂红粉白总相宜，正是春风绚烂时。不似倪迂深惜墨，拈毫只写两三枝。画梅自宋以来皆着繁枝，惟倪独简。同治甲子暮春中澣，白门逸民漫题。”钤印：文川。

孙元培题诗曰："钱郎作画今无敌（频迦赠壶公句），记得灵芬七字诗。此幅只应供逋老，疏花淡墨两三枝。壬寅十一月朔日，笑拈主人以松壶墨梅属题即正。宾华孙元培。"钤印：孙元培印。

醒迷禅山人题诗曰："窗前月落影参横，数点香闻雪后清。知是诗人参墨妙，一枝春已扫凡情。　昔年逋客住西湖，种遍梅花入画图。雪里暗香闻竹外，月来瘦影鹤相扶。癸卯冬日，奉题松壶居士墨梅，录请笑拈先生教正。醒迷禅山人。"钤印：松禅、醒迷。

按，上款"笑拈主人"、"笑拈仁兄"、"笑拈先生"即蔡锡琳，字笑拈，号小砚，浙江崇德人。交游广泛，与海宁画家应时良、嘉兴金石考订家张廷济订忘年交；与孙宾华相善。白门逸民即沈傅洙，字文川，号鲁村，浙江嘉兴人，善隶楷，其舅张廷济常令捉刀而自署名，人莫能辨。

此件曾经潘博山、钱镜塘递藏，鉴藏印有：杨凤冈博山鉴定书画、博山心赏、海昌钱镜塘藏。

何香凝《劲松寒菊图》

此件何香凝先生一九四四年春作于桂林。

先是一九三八年十月，武汉沦陷，宋云彬随政治部三厅五处撤退到桂林。桂林是抗战时期我国西南的文化城，一九三九年七月，根据周恩来和中共中央南方局的决策，胡愈之和沈钧儒等在重庆筹划，在桂林创办文化供应社，编辑出版进步书刊，宋云彬担任专任编辑。一九四〇年八月，宋云彬与夏衍、孟超、聂绀弩、秦似创刊《野草》半月刊。在桂林六年，宋云彬编刊物，写杂文，参加座谈会和讲座等社会活动，宣传团结抗战、民主进步，在舆论界颇有影响。

一九四二年一月，何香凝与柳亚子等一行离开香港，经广东海丰，赴广西桂林，五月到韶关。月底，何香凝之子廖承志被国民党绑架入狱。何香凝为设法营救，羁留近一年，未果。一九四三年四月，何香凝抵达桂林，二十三日即携儿媳、孙子、孙女拜访柳亚子。柳亚子有《廖夫人偕其儿媳经普椿女士挈孙女廖坚孙男廖恺孙自曲江来桂林赋呈一首》诗：

同舟亡命涉秋春，失笑温馨握手辰。遗爱两家门第迥（谓仲恺先烈暨颐渊老友），弥天一老瓣香频。鲁公正气留箕尾，勾践雄图炼胆薪。漫说狂生狂逾昔，头颅无恙醉江漘。

其年秋，何香凝有《感怀》诗曰："漂泊天涯隐桂林，国仇家恨两相侵。难行蜀道知何故，道是无因却有因。"一九四四年六月有《日祸移居广西舟中》："战云弥漫遍神州，国破家亡恨怎休。但得军民同御敌，烂船漂泊也风流。""国仇""国破"，指日寇之入侵；"家恨""家亡"指儿子之系狱也，可见当时心境。

今何香凝《劲松寒菊图》上有柳亚子题诗一首，收入《磨剑室诗词集》题作《廖夫人绘松菊为云彬题》，时间是二月二十八日，据此也可知《劲松寒菊图》所作之大概时间。诗曰：

> 石室儿郎炼胆薪，周嫠恤纬费吟呻。
> 劲松寒菊依然好，历尽风霜便早春。

第一句用越王勾践故事，以喻励志图强之意。“石室”指监狱，“儿郎”指廖承志，“炼胆薪”即卧薪尝胆。第二句用“嫠不恤纬”典故，语本《左传》昭公二十四年：“嫠不恤其纬，而忧宋国之陨，为将及焉。”意谓寡妇不怕纬纱稀少，织不成布，只怕亡国，祸及于己。何香凝丈夫廖仲恺卒于一九二五年。二句用事颇为贴切。

及至一九五五年五一节，宋云彬自题边跋曰：

> 余避寇桂林，得与廖夫人何香凝先生相过从。一九四四年春，夫人以所写《劲松寒菊图》见贻。相喻以所怀，相勖以所尚，固异于寻常酬应之作也。时寇势方张，而廖公子系狱未释。夫人忧时心切，念子情深，故亚子题诗有“石室儿郎炼胆薪，周嫠恤纬费吟呻”之句。一九五五年五一节，云彬识于杭州。

“相喻以所怀，相勖以所尚”，亦可为柳亚子题诗后两句之注脚。

宋云彬《摹章太炎上曲园手札册页》

俞平伯曾将章太炎、戴望、孙诒让致曲园老人手札十六通，裱成册页，称《三经师手札》。宋云彬曾将章太炎九通摹录一份，我们称之为《摹章太炎上曲园手札册页》。其首为太炎民国二十一年题识，次手札九通，次吴承仕民国十八年跋，次俞平伯民国十三年跋，次俞平伯节抄民国十八年太炎复吴承仕手札，末为1951年王伯祥为宋云彬摹本所作跋语。

通过以上题跋，并结合其他文献之比对，我们基本可以梳理《三经师手札》之流传以及宋云彬摹录之相关情况。

俞平伯跋曰：

三君并近世经师，学人宗仰。戴、孙早归道山，章君则及见之。今春在吴下旧居，检得昔年寄与先曾祖之书札，凡三家一十六通。就中仲容先生之三月望笺、太炎先生之附姓名居址笺，似俱为初通音问之品，弥觉可珍矣。十三年除日，平伯谨跋于京师。

吴承仕跋曰：

章君撰《左传读》三十万言，其说“季兰”为“娈”，在第一卷中；说“轨度”为“究”，在第五卷中。是书属稿早就，醵资刊布，盖在胜清光绪丙申之岁，时曲园先生七十五，章君则二十有八也（时承仕年十三）。章君自言，戊己违难，与尊清者游，作《客帝篇》，迄辛丑而《訄书》始成，明攘夷之志，盖确立乎庚辛之际也。又案曲园先生尝以《王制》为素王之制，几为俗说所染（章君今年来书，犹道及此事），而章君则斥之不遗馀力（谓斥皮锡瑞也），亦由改制之说为尊清者所假借，足以堕光复之业，故深恶而痛绝之。纠合义旅、犁庭扫闾之言（此二言见册中第九通书），一何壮也。今遂屏居海隅，见侮于后生小子。大勋不报，谅哉！民国十八年十月十九日，吴承仕。

俞平伯节录章太炎民国十八年十一月三十日致吴承仕函曰：

鄙人与曲园先生书，约在甲午以后，丁酉以前。盖长素于甲午前已谒曲园，出其《新学伪经考》相示。当时鄙人尚未见其书，甲午后乃得见之也。鄙人三十以前，说经或多细碎，至于今古文之辨，则胸中颇有准绳，至今未变。孙仲容亦为古文之学者，戴子高则原出宋于庭，实今文学中人，然亦精孿训故，非如后来者之夸诬也。

章太炎题记曰：

俞子平伯，先师曲园先生之曾孙也。以余昔时上先师书并戴子高、孙仲容二君手札，都装一册，称以“三经师”。戴、孙，乡邑先进，望实卓然，余何敢比肩。独念自侍先师以来，今四十馀岁，虽数遭颠沛，未尝废经。间以所得，传之其人，转相付授，犹颇有兴起者，斯道不绝，为无负先师之提命耳。余治经尊古文，与仲容合，而与子高绝相远。令二君至今尚在，辩论相发，庶几贾景伯、李元春之事。惜乎，不得其会也。民国二十一年季春，章炳麟识。

通过上述诸文时间，我们可以知道，1924 年俞平伯在苏州旧居发现章太炎、戴子高、孙仲容三人致曲园信札，称《三经师手札》，并于除夕日跋之（1925 年 1 月 23 日）。1929 年，又请太炎弟子吴承仕题跋，吴跋据信札所涉内容与太炎所撰《左传读》对照，似欲说明其通信时间。其间必有上太炎书以询问此事者，故太炎答书，有“鄙人与曲园先生书，约在甲午以后，丁酉以前”诸语。俞平伯见之，即将该信相关内容节录于后。

太炎之题记，自谓“以所得，传之其人，转相付授，犹颇有兴起者，斯道不绝，为无负先师之提命”，可见在学术上，太炎对曲园之敬重，则章门之弟子，即曲园之再传也。

《三经师手札》一直由俞平伯保存，此前曾有钱玄同提及，其1925年5月30日日记曰：“俞平伯出示章太炎、戴子高、孙仲容三君致曲园信一册。”周作人1931年1月20日致俞平伯札云：“昨日上午匆匆去上课，戴君手札尚在兼士手中，及下课来不见他，想必已将该札交还足下了吧。”可知俞平伯又出示于周作人，1月19日周作人传阅给沈兼士，后当交还俞平伯。

章太炎题记作于“民国二十一年季春”，按1932年2月29日（农历正月二十四）太炎因“一·二八”事变仓促避难北平，顺便讲学，章门弟子纷纷宴请。时俞平伯任教清华大学，钱玄同乘便安排他拜见章太炎，钱玄同4月7日日记称：

> 五时，雇汽车请幼渔代接老夫子到东兴楼，因今日我赏饭也，因拉拢太炎、平伯二人一见面也。宾主共六人，章、俞、马、马、朱、钱也。

其中二马指马裕藻与马衡，朱指朱希祖，从“拉拢太炎、平伯二人一见面”可知，此次盖为章太炎与俞平伯之首次见面。

接下来一段时间里，两人见诸记载的交往还有两次。一次是4月18日（农历三月十三）马裕藻宴请章太炎，朱希祖、钱玄同、沈兼士、俞平伯、刘半农、魏建功、胡适、蒋梦麟作陪（分别见钱玄同与周作人日记）。另一次是5月15日（农历四月初十），周作人设家宴款待章太炎。周作人是日日记：

下午天行来，共磨墨，托幼渔以汽车迓太炎先生来晚饭，玄同、逷先、兼士、平伯亦来，共八人。用日本料理五品，绍兴菜三品，外加常馔。十时半仍以车与玄同送太炎先生回去。在院中照一相，又乞书条幅一纸。

钱玄同是日日记：

我下午四时至周宅，今日启明赏饭于其家，日本与绍兴合璧，日本菜极佳。同座为朱、马、沈三、俞、魏也。大家均请老夫子写字，他称平伯为“世大兄”。

从时间上来说，俞平伯是在与太炎会面之后持《三经师手札》请作题记，落款曰“季春”，则完成于5月6日（阴历四月初一）之前。在周作人的家宴上，太炎还应众人之请，各写字一件，其为俞平伯写《论语》条幅（今存德清县博物馆），称之为“世大兄”，礼敬而又亲切。

1949 年 3 月 18 日，柳亚子与宋云彬等一行抵北平（2 月 28 日自香港出发）。28 日俞平伯即致信柳亚子，有“日前重接光仪”句，则前此数日二人当已见过一面。

柳亚子 4 月 6 日日记曰：

赴华北文艺界协会暨华北文化艺术工作委员会谈话会，五时聚餐，与陈学昭女士第一次见面，并坐同席者圣陶、平伯、云彬、卞之琳、臧克家，共七人。

仅从称呼而言，柳亚子与俞平伯应该是熟悉的。15 日，俞平伯致柳亚子函，曰：“奉手教，敬悉明日社团盛会，荷宠邀，自当移侍，并以得拜识南社诸君子为幸也。”从之后俞平伯呈柳亚子诗“东城偶集簪裾秀，南社曾瞻齿德尊”二句来看，俞平伯当是参加了此次诗社盛会的。24 日，许宝驹、许宝骙兄弟宴请宾客，俞平伯与柳亚子、朱蕴山、谭平山等三十馀人参加，柳亚子有诗纪之。

据柳亚子自述（参见下文引题三经师手札诗其二自注），其十七岁时读书上海爱国学社，曾入章太炎之门，与邹容相稔，并与友好集资刊印太炎《驳康有为论革命书》、邹容《革命军》，得到章、邹器重。宋云彬在《章太炎二三事》里说到章太炎曾送给柳亚子扇面，所录是太炎自己的诗：

流汗蒙头愧黑辛，赵家熏腐解亡秦。江湖满地呜呼派，只逐山膏善骂人。

此诗为太炎作于光绪二十八年壬寅（1902），题《名学会摄影书后》，曾刊登在是年《选报》第十二期上。次年，太炎有致陶亚魂、柳亚子书，历数自己思想之转变，后亦将前诗书扇赠柳亚子。如此，柳亚子则为太炎之弟子，而曲园之再传弟子也。

5月2日，柳亚子寄《叠韵和平伯先生兼呈长环夫人》诗给俞平伯，有询问俞曲园、章太炎、吴承仕三传事。诗下自注曰：

曲园翁一传而为太炎章先生，再传而为检斋吴先生，皆以学术家而兼思想家，且并致力革命，非琐琐经生，岂刘申叔、黄季刚辈所能望其项背？此友人齐燕铭同志告余，燕铭则检斋门下士也。宋云彬兄谓太炎《谢本师》一文，实为爱护曲园翁，虑其株连受祸而作，非真有所不满于师门。此言亦良是。

按，关于章太炎《谢本师》事，宋云彬先后有两篇文章分析过，其在《章太炎的〈谢本师〉》中写道：

章太炎受业于德清俞曲园。太炎加入革命党，反对清廷，曾受俞氏呵斥，他撰《谢本师》一文，起而抗辩。我想他写《谢本师》这篇文章，还有别的原因。当时清廷的专制淫威，可以使人遭灭门之祸，他既加入革命党，公开声讨清廷，深恐因此而连累到他的本师，特地写这篇文章，替他的本师预作开脱地步，当时他们师徒之间，一定相视而笑，莫逆于心的。

5月12日，俞平伯致柳亚子函曰：

先曾祖与太炎先生之离合始末，诚有如来诗跋语所云。盖太炎晚年犹惓惓师门，于行文时仍称先师云。自吾曾祖三传而至检斋先生，于政治意识之前进上真有积薪居上之感，盖亦时命使之然耳。

16日又致函曰：

鲁、吴二君，诚馀杭门下龙象，如惠赐诗篇所云。黄季刚师晚节虽蹉跎，终胜申叔甚多。至前书之"三传"，确是"再传"之讹。承指误，并感。

鲁、吴二君指鲁迅、吴承仕。

基于俞平伯与柳亚子关于俞曲园、章太炎、吴承仕等探讨之深入，且柳亚子亦为太炎弟子，俞平伯遂有请柳亚子为其所藏《三经师手札》题跋之议。5月22日，柳亚子设宴颐和园万寿宫，为自己六十三岁生日“暖寿”，俞平伯、宋云彬等受邀参加。俞平伯即持《三经师手札》往之，路上，示诸同行众人。宋云彬当日日记称：

途中平伯出示章太炎、戴子高、孙仲容致其先曾祖曲园先生函如干通，裱成册页，颇堪重视也。

次日，柳亚子即赋诗五首。其是日日记曰：“晨起为平伯题浙江三经师致曲园翁手札册页，成诗五首之多，颇得意。”此五首诗收入《磨剑室诗词集》题作《平伯先生长环夫人出所藏馀杭师暨戴子高孙仲容两先生上曲园翁笺札册页见示属为题诗敬赋》，分咏俞曲园、章太炎、戴子高、孙仲容、俞平伯五人。诗曰：

吴门流寓曲园翁，身世随园有异同。籍著两家称弟子，先妣费太君讳漱芳，晚号德园老人，髫年时受业于同邑褉湖徐丸如女士，而女士母吴琼仙，则随园《湖楼请业图》中人也，故先妣于随园，可称三传弟子。余少游馀杭师之门，又实为曲园翁再传弟子云。缘悭一昔坐春风。颇闻谬论神狐祟，倘与微言伯定通。世传曲园翁典试某闱，为妖狐所祟，出题“君夫人阳货欲”，以是免职，余颇疑翁见清政不纲，不欲侧足焦原，故以微罪作归计耳。此与龚自珍答友人问“正大光明殿赋”官韵，谓是“长林丰草，禽兽居之”者，殆有相同之点云。**更喜曾孙传慧业，刘樊仙侣酒边逢。**

馀杭门下负传薪，敢与周吴竞德邻。谓周树人、吴检斋两先生也。**贱子髫年惭受莂，本师晚节定完人。邹容墓草华泾宿，马叟书楼歇浦新。电稿沉沦征未得，不应天遣丧斯文。**余年十七，读书上海爱国学社，始及馀杭师之门，与巴县先烈邹蔚丹讳容者相稔。馀杭著《驳康有为政见书》，巴县著《革命军》，余偕同邑蔡冶民姑丈、陶亚魂挚友，醵金付大同书局印行，二公以是重余。《苏报》案起，老贼吴敬恒告密，两公牵连入狱，犹以书勉励余，馀杭书有“庶使朱长孺、陈长发辈知后起有人，积薪居上”云云，朱、陈并吾邑之明遗民也。馀杭判苦役三年，巴县两年，而巴县竟瘐死提篮桥西牢中。有言清虏实贿狱吏，以鸩毒毙之者，疑莫能详已！馀杭狱期满，孙先生在日本东京，遣同志龚炼百诣上海迓之，遂主《民报》社。辛亥革命以还，踪迹疏阔，芦沟桥抗战前后，闻与丹徒马相伯先生通电宣言，主张国共合作，共御外侮，余为拍案叫绝。惜求此电文十年，尚未入手，为遗憾耳！巴县殉后，亡友刘三为营葬华泾，今刘三亦久逝矣！

梦隐吾留第二图，戴君遗迹未模糊。此才合继杨秋室，家祭宁忘陆鉴湖。榷史南明应不朽，校书白下似追逋。思量温李徐钱傅，册载终怜旧业芜。子高有《梦隐图》。四十年前，顺德蔡寒琼为余缋《梦隐第二图》，余自题《金缕曲》一阕，颇沉痛，盖有天荒地老之感，不虞今日之翻身也！南明遗事，用正史体裁写订者，首为乌程温晒园之《南疆逸史》，而吴郡李瑶、六合徐鼒继之。李书名《南疆绎史》，盖得晒园残本，而窜改增补，实为点金成铁之作；徐书名《小腆纪传》，其命名颇恶劣，而书则后来居上也。其后元和钱绮、大兴傅以礼两人，一撰《南明书》，一撰《后明书》，似均未脱稿云。归安杨凤苞撰《南疆逸史跋》若干首，存《秋室集》中。盖终胡清之世，温氏书只有传钞，绝无刻本。子高客南京官书局时，始得一钞本，加以校勘，丹黄狼藉，藏上海涵芬楼中，安阳谢刚主［国桢］撰《晚明史籍考》时，犹及见之，惜毁于倭寇“一·二八”淞沪之役矣！幸子高别录一副本，附以杨跋，寄赠傅节子［以礼］，后归吾友顺德邓秋枚［实］，始由国光书局铅印行世云。余少喜史学，颇以撰述《南明史》自任，蹉跎卅载，一事无成，弥深遗憾。曩在桂林，与挚友朱琴可［荫龙］，有修史之约，极盼琴可能早日北来，共襄盛业也！

大吕黄钟孙仲容，天图地碣辟鸿蒙。郑玄经术非吾恋，剧孟雄心喜汝同。未见柳车藏季布，早令海曲窜梁鸿。华夷大义春秋笔，皕稔留传在浙东。传馀杭出狱时，仲容曾与通问，署名荀羕，拟招馀杭居温州，以北海孙宾石自命，会馀杭已东渡，乃不果云。

生惭赐也善方人，羞说薰莸共一尘。胡广中庸能劝晋，延陵抗节抵成仁。目无馀子狂奴老，学有渊源家法新。感激温柔敦厚意，不辞着粪佛头频。昔贤言：“与公瑾对，如饮醇醪。”余见平伯先生，亦有此感，恒以温柔敦厚四字品目之，盖人如其诗，诗如其人矣！于长环夫人亦云。

5月28日，柳亚子生日，在萃华楼设宴庆贺。宋云彬是日日记："傍晚赴韶九胡同陈振汉处访亚老。亚老今日生辰，至友七八人在萃华楼设宴庆贺，余亦参加。"次日，柳亚子复在中山公园设宴，答谢昨日前来祝贺之友朋。宋云彬是日日记曰：

中午，亚老在中山公园上林春设宴答谢，偕同伯宁、剑行往……平伯所藏太炎手札已自亚老处取来，今日开始以打字纸复写，俾供参考也。

宋云彬治学论文，雅近太炎，且喜谈经，有"太炎迷"之称。所以当他看到太炎早年上曲园手札后，其心情的激动是可以想见的，于是心生摹录之意。

宋云彬向柳亚子提出借阅此册页，估计是1949年5月28日在"韶九胡同陈振汉处访亚老"时，得允（宋云彬之所以未直接向俞平伯借阅，一则可能两人不甚熟稔，再者俞平伯对此极为珍视）。遂于29日"自亚老处取来"，始得"以打字纸覆写"也。据宋云彬日记，5月30日"覆写太炎手札两通"，6月5日"早起，覆写太炎手札数通"，6日"钞太炎手札三通"，7日"钞太炎手札数通"，10日"摹写太炎手札毕"。

俞平伯5月22日将《三经师手札》交给柳亚子，请题诗。十一天后即去信催问。此时该册页犹在宋云彬摹录之中。直至6月21日，该册页才通过叶圣陶还给俞平伯（至于宋云彬何时交还柳亚子，柳亚子何时送叶圣陶，或者宋云彬直接交给叶圣陶，皆因相关资料残缺或日记失载，无从考得）。俞平伯读了柳亚子题诗后，致函谢，函中称"于跋语结尾，并谂前日欣逢丈揽揆之辰"，知柳亚子落款处，必有提及生日云者。而此《三经师手札》之原件，之后便如空中黄鹤，杳无音讯矣。

宋云彬摹本仅摹录章太炎手札九通及其题识，并誊录吴承仕、俞平伯跋语等，于7月14日托汪君将之送琉璃厂裱画店裱成册页。

1950年5月5日，宋云彬好友王伯祥到北京出差。7日即来过访，宋氏出此册页示之。王伯祥"挟归寓所"，后有跋曰：

云彬治学论文，雅近馀杭章先生，而喜谈经方，亦时复玄契。二十年前，余与君接砚齐辉堂，共事丹铅，辄以"太炎迷"目之，相引为笑，不迕也。丁丑倭难作，君远走湘桂黔蜀之郊，所至宣力文教，阴为人民地，颇中当事之忌，违难香港者有年。迨北平解放，君又从海道间关入都，协赞新治乃退。然仍理故业，在出版总署任编审。余滞迹沪滨，与君睽离十馀载，不获一面，每涉昔游，时形

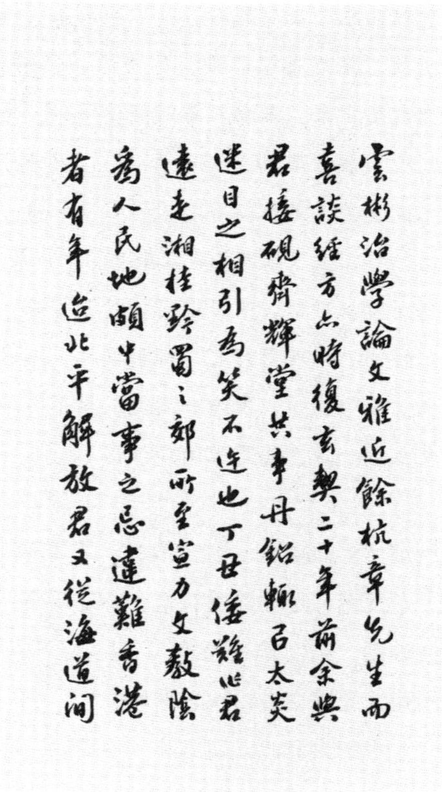
雲彬治學論文雅近餘杭章先生而喜談經方亦時復玄契二十年前余與君據硯齊輝堂共事丹鉛輒以太炎迷目之相引爲笑不迭也丁丑倭難作君遠走湘桂黔蜀之郊所至宣力文教陰爲人民地頗中當事之忌違難香港者有年迨北平解放君又從海道間

王伯祥跋宋云彬摹本

梦寐而已。庚寅春杪，余以事北来，亟过访其京邸，欢然道故，见君春容雅度，不减当年，而鬓毛异色矣。谈次，出斯册视余，君初入都时假诸平伯，手摹自存者。余挟归寓所，展玩数四，恍亲真迹。盖其笔画起落，婉转神似，无毫发憾，足征瓣香有素，心慕手追，乃克臻此，非徒耽情翰墨，结习难蠲已也。未几，余以屏当移家，匆匆南旋，斯册留扃行笥，未及检还。秋深重来，复以尘事劳扰，遂尔寝阁。今理笥得之，顿触曩绪，不胜愧汗，爰志颠末归之。一弹指顷，岁逾一周矣，君不笑其疏慵犹昔乎？辛卯夏至后一日，巽斋王伯祥谨识。

所谓“展玩数四，恍亲真迹。盖其笔画起落，婉转神似，无毫发憾，足征瓣香有素，心慕手追，乃克臻此，非徒耽情翰墨，结习难蠲已也”，足见宋氏临摹时之敬畏，一丝不苟，无愧太炎粉丝之雅号。

由于太炎此九通书札、一篇题记暨俞平伯节录致吴承仕之函，并吴、俞跋语，皆未见刊载，亦未见他书征引，益不知经历各种运动后其原件是否尚存天壤。若原件无考，则此册页之价值，直可以“下真迹一等”视之。

黄宾虹《白沙诗意图》《湖山春晓图》

宋云彬与黄宾虹第一次见面，是在一九五一年十月十三日两人共乘火车赴北京，参加全国政协委员会第一届第三次会议之际，黄宾虹作为“特邀代表”，列席会议。在火车中，宋云彬与黄宾虹对坐，谈考古，谈历史，颇为愉快。宋云彬日记记曰：

余耳宾老名久，初未谋面，以意度之，必老态龙钟矣，而孰知竟不然。宾老为余言，平生不与人争名位，争权利，虽处逆境亦欣然自得。又谓望长寿必须胸襟扩大，即孟子所谓养我浩然之气也。余平生常以心胸阔大自诩，然不能忘名位，闻宾老言，不禁爽然自失矣。

黄宾虹平生心胸开阔，不与人争名夺利，为人也如此，作画也如此。其致族人黄树滋函曰：“张大千来此售画，每张定价法币二十万元；齐白石每尺方四万元，皆甚忙碌。鄙人只择人而与，非经知交介绍不动一笔，各纸铺包括荣宝斋来索者皆谢绝之，意留传精作，不与人争名利耳。”又《黄宾虹传艺录》记曰：“书画可贵，非决定于得名与获利之有无，而在于书画作者本身功力之强弱高下。所以得名与获利，非书画之目的，而急于求名与利，实为书画之害。”宋云彬之所以“爽然自失”，盖无法摆脱“名位”二字，此在日记中也偶有流露。

宋云彬所藏黄宾虹作品两件，一为《白沙诗意图》，水墨纸本，题识曰：“西风吹冷峡山云，红叶清溪点缀新。惟有白头溪里影，至今犹戴玉台巾。陈白沙诗，黄宾虹

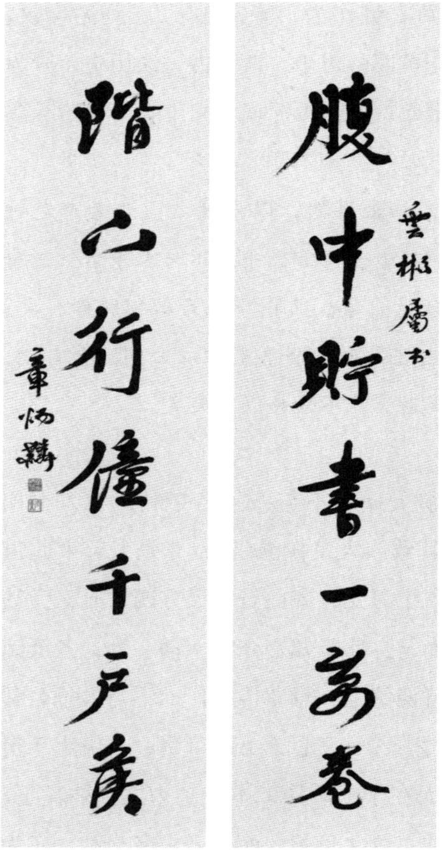

章太炎行书七言联

画。”钤印：宾虹、黄宾公。

另一件为《湖山春晓图》，设色纸本，题识曰：“湖山春晓。以范华原笔意漫兴写之。云彬先生教正。黄山宾虹，甲午年九十又一。”钤印：黄宾虹、肖形印。甲午为一九五四年，据宋云彬十一月十日日记：“赴栖霞岭访黄宾虹，并索得山水一小幅。”又二十一日日记：“偕妻赴栖霞岭看黄宾虹，长谈，吃包角酪，味甚可口，京奕同去，乐不可支。”则其“索得”之小幅山水，当即为此件无疑。

章太炎《行书七言联》

藏品中有章太炎行书七言联一幅，联语曰：“腹中贮书一万卷，阶上行僮千户侯。”落款仅“章炳麟”三字，钤“章炳麟印”、“太炎”二印。上款“云彬属书”四字，实为章太炎夫人汤国梨补题，且其书写风格亦模拟落款字迹。这其中必有故事。

我们知道，宋云彬对章太炎之崇拜，其来有自，据前《摹章太炎上曲园手札册页》所述可见大略。其在桂林时曾写过一篇《读〈訄书〉》：

我是喜欢翻翻旧书的，尤其喜欢读章太炎的文章，因为他言之有物，而文笔简练，起讫自在，不象一般写古文的，搭起了空架子，起承转合，而内容却空空如也。但在桂林，想买或者借一部《章氏丛书》是没有的；最近在图书馆借到一本《訄书》，慰情聊胜于无，一周间竟读上了十多遍。

比较难读的《訄书》，“一周间竟读上了十多遍”，可见“太炎迷”不是挂在口头上的。宋云彬在政论文章里，大都会评述太炎之革命功绩；在学术文章里，也大都会引用太炎的学说与观点来立论。

一九三六年六月，章太炎病逝于苏州。因生前敬慕张苍水，表示“生不同辰，死当邻穴”，遗嘱葬西湖南屏山张苍水墓侧。南京国民政府决定为其举行国葬，并发布国葬令：“宿儒章炳麟，性行耿介，学问淹通。早岁以文字提倡民族革命，身遭幽系，义无屈挠。嗣后抗拒帝制，奔走拥法，备尝艰险，弥著坚贞。居恒研精经术，抉奥钩玄，究其诣极，有逾往哲，所至以讲学为重。兹闻溘逝，轸惜实深，应即依照国葬法，特予国葬。生平事迹存备付史馆，用示国家崇礼耆宿之至意。此令。”但因抗战爆发，国葬搁置，家人在南下逃难前，暂将其浮葬于苏州章家后花园。

一九三九年五月，宋云彬写了一篇《章太炎逝世三周年》：“太炎先生的故乡虽还被敌人占领着，太炎先生的灵柩还在苏州，没有正式举行国葬，但在持久抗战的政略下，相信最后胜利一定是属于我们的，只要待失地收复，太炎先生的国葬，一定会在民众热烈欢腾的情绪下来举行的。”待到抗战胜利，内战又起，纷扰世界，无刻安宁，以致太炎灵柩迁葬南屏山一事，迄未有果。

直到中华人民共和国成立，章夫人汤国梨为太炎先生安葬事，于一九五一年十一月十二日，访时任浙江省政协副主席、省文联主席、省文史研究馆馆长的宋云彬，不遇，“留条而去”；同时又数次相商于时任民进中央主席、教育部部长的太炎弟子马叙伦先生。

一九五四年九月，宋云彬赴北京参加第一届全国人民代表大会第一次会议。三日抵京，住华北招待所，十一时到北京饭店报到。宋云彬当日日记：

> 乘便看包达老，适沙文汉亦在座，与沙谈及章太炎安葬问题，沙谓可再与齐燕铭商谈，请齐向周总理请示，如周总理有所指示，则此事易办矣。

齐燕铭时任中央人民政府办公厅主任、政务院副秘书长兼秘书厅主任，也即在此第一届全国人民代表大会第一次会议上，政务院改称国务院，齐燕铭被任命为副秘书长、代理秘书长；且未及两月，又担任周总理办公室主任。所以沙文汉有“请齐向周总理请示”语。

十日，宋云彬“致函马叙伦，为章太炎安葬问题”（日记）。

十三日，宋云彬得马叙伦覆信。覆信曰：

云彬同志：

手示奉悉。敝躯自杭归后反复数四，近得小痊。承注感甚，谢谢。章太炎先生葬事，往年章夫人一再相商，得中央许拨张苍水墓近之地，惟章夫人期期于国葬名义，蹉跎迄今。现据教示，知仅在经费一节，并欲伦为进商，自当努力。弟恐近月总理无此暇日相晤，倘有机会，仍当请命。先此肃复，馀面不一。顺祝

健康。

马叙伦。一九五四年九月一二日。

宋云彬日记记曰："马叙伦有覆信。……字如胡桃大，以日本白棉写成横幅，其意盖欲余付之裱装，留作纪念也。"此件今存，且已裱成横披。

在此之后的数月间，为章太炎改葬事，宋云彬颇为用力，其日记中亦多有记载。

十一月三十日：

前为章太炎葬事，致函齐燕铭，请中央电浙省人民政府，从速协助办理。今接二十七日齐燕铭复函，谓"来函敬悉。关于章太炎先生移葬杭州事，国务院秘书厅又于十一月二十七日电华东行政委员会并浙江省人民政府，请即协助办理。望在杭就近查询"。

十二月二日：

赴图书馆，与阂声商谈章太炎改葬事。

三日：

上午写长信致沙文汉，言三事：……（二）章太炎改葬西湖，沙曾谓西湖为风景区，不宜造新坟，特为之解说。……下午赴图书馆，看阂声，示以致沙文汉信，阂声同意，遂付信差送去。

六日：

下午二时，赴文史馆，商讨章太炎葬事及文史馆新聘馆员、造报预算等事，张阂声、邵裴子均出席。

此事至此基本议定。期间，或亦有请陈叔通、沈钧儒二人助力者，陈叔通一九五五年三月三十日致宋云彬函曰：

太炎先生安葬，除由全国委员会电杭送花圈外，并代夷初、衡山、弟三人送花圈。夷初又另电请公代致祭。弟顷与衡老商，我们两人亦请一并代理。至托至托。

一九五五年四月三日，浙江省人民政府正式为章太炎先生举行了安葬仪式。并按照太炎先生生前遗愿，灵柩迁葬于杭州西湖南屏山麓荔枝峰下，紧邻张苍水墓。

宋云彬当日的日记简略地记录了整个过程：

连日雨且寒，昨始放晴。

上午八时，同月涓及两小孩并携相机赴蒋庄，摄影四幅，即偕同马一浮、张阆声等赴章太炎墓地。

九时半，安葬典礼开始。马一浮主祭，余与田桓、汪东等六人陪祭。余代表政协浙江省委员会致词。

下午，章夫人汤国梨来谢。

晚，省人民委员会宴请章太炎先生治葬委员会同人及章夫人。

太炎先生安葬西湖南屏山麓张苍水墓右侧，促成其事者以余之力为多，余别有记。

章夫人所谢者，可能就是这件补题上款之对联。汤国梨之所以要补题上款，可能也含有代表太炎先生之意。这对于“太炎迷”的宋云彬来说，无疑是最好的礼物。而宋云彬所言“别有记”的文字，可惜未能发现。

两年后的一九五六年十月，宋云彬写了一篇《鲁迅和章太炎》，文中说道：

章太炎的遗体于前年迁葬西湖南屏山麓。今年春天，据说有人准备把他的遗体从坟里挖起来，迁葬到别的什么地方去。虽然被及时地制止了，但到现在还没栽上一枝树，以后能不能遂他生前的志愿，永远葬在民族英雄张苍水墓的旁边，还是一个问题。

此事盖针对七月二十六日《人民日报》刊发费孝通《为西湖鸣不平》一文而作。宋云彬当日日记曰：

上午看《人民日报》，见第八版登了费孝通写的一篇文章，题目叫《为西湖鸣不平》。他讨厌西湖上的坟墓，说像个馒头，非常讨厌；又讨厌岳飞的塑像，说是个泥菩萨。他说的话不是没有理由，但看问题不全面，而且经他这样一说，一般蓄意破坏西湖古迹风景的妄人如余森文之流倒振振有词了。想写篇短文来纠正他，可是思想不能集中，写不出。

打电话给振铎，问他看过费孝通的文章没有，他说没有来得及看。……六点钟郑振铎来，同赴大同酒家吃饭。振铎刚刚陪周总理看了全国国画展览，周说："今天费孝通那篇文章还不错，我也有同感。"又说："此次杭州掘坟，我去电报叫他们恢复，但是忘记补充一句话，就是不一定要恢复原来的样子。"

这就是著名的西湖挖墓掘坟风波。迁章太炎墓出西湖风景区的意见“虽然被及时地制止了”，但最终还是在十年后的一九六六年底，不幸而被言中，红卫兵将太炎先生墓夷为平地，且将遗体曝于荒野，棺木亦被劫走。直到一九八一年十月辛亥革命七十周年前夕，始捡回骨殖重新葬于原处，墓形亦如旧观。

张宗祥《深柳读书堂图》

宋云彬所藏书画中，有张宗祥作品五件，第一件是作于一九二八年的《草书陶渊明饮酒诗》，第二件是作于一九五四年的《行书八言联》，第三件是作于一九五五年的《孤山探梅图》，第四件是作于一九五六年的《行书陶渊明读山海经诗》扇面，最后一件是作于一九六一年的《深柳读书堂图》。

宋云彬与张宗祥都是海宁硖石镇人，通家姻好，虽然张宗祥年长宋云彬十五岁，但张宗祥称宋云彬为“姻丈”、“姻叔”，自称“姻晚”。自从宋云彬回浙江任职后，二人过从频繁。一九五八年九月，宋云彬到中华书局任职，二人之间则多以书信往还矣。

一九六一年十月，中华书局自东总布胡同十号院搬至西郊翠微路二号院办公，宋云彬随迁而往。十月十四日日记：“分配给我们住的是一幢小洋房，是从前东洋人盖的，我看了非常满意。”小楼旁有垂柳五株。十八日日记：“寄张阆声函。”想来是告以乔迁新居，并请作画以记之。十一月十三日日记：“张阆声寄来《深柳读书堂图》一幅。”

此画颇具雅致，高柳五株，环绕屋宇，有人端坐，读书其中，门前湖面悠悠，远山隐隐。画面右侧题识曰：

数枝杨柳弄春阳，小拟当年万柳堂。借问主人读何物，酒经花谱不寻常。辛丑秋，云彬姻丈来书，新居有柳五株，索拙画。作此应命，即请正之。冷僧，时年八十。

又曰：

书味浓于酒味，吟声间有棋声。谁种门前五柳，春明住个渊明。又题六言一章，酒与棋皆云丈所嗜，必当笑纳此诗。

按，宋云彬是喜欢陶渊明的，曾写过很多篇关于陶渊明的文章。且集陶句成联，并请人书之。一九五四年一月十七日日记：

余尝集句索徐生翁书联，早已书就，在施伯侯处。今日携回。联句为“学非称师，文取指达”（颜延之《陶徵士诔》），“勤靡馀劳，心有常闲”（陶渊明《自祭文》）。

今徐生翁所书之对联未见，却另有张宗祥书于是年夏五内容相同的一件。宋云彬一九六三年的日记名为《深柳读书堂日记》，盖亦有本焉。其元旦读《陶渊明集》，且集得“地为罕人远，时还读我书”一联。

张宗祥为作书画五件，两件录陶诗，一件集陶句，一件绘五柳，多少可见宋云彬心中之仰慕与追求了。

四、保存之曲折历程

根据宋云彬日记，一九六六年五月中华书局内部开始陆续有小字报出现。六月二日《人民日报》登载题为《触及人们灵魂的大革命》，下午才有动员报告，“说大字报也可以贴”。十六日，工作队入住。八月六日，革委会成立，工作队撤销。九日，广播听中央关于无产阶级文化大革命的决定十六条。十日，出现题为《我们要造反》的大字报，金灿然、马宗霍、陈乃乾即被戴帽游行。自此以后，一发而不可收拾矣。

八月十八日晚间，中华书局红卫兵一伙到宋云彬住处批斗、抄家，命宋云彬夫妇跪搓衣板，并剃阴阳头。同时将宋云彬所藏字画、折扇、书籍等撕扯，遍地抛掷、践踏（今存奚冈《石湖记游图》上有许多脚印，即当时所为）。劫后，宋云彬将残存的，还有保留价值的字画——即本

《图录》所收录的各项——重新收拾，另为珍藏。

一九七九年四月，宋云彬逝世后，此批书画由其孙宋京其保存。一九八〇年三联书店为出版《宋云彬杂文集》，范用先生听闻此批书画犹在，特意叮嘱宋京其要妥善保存。同年九月，宋京其离京赴合肥求学，翠微路家里便无人居住。临行前，宋京其将这批字画取出，寄存到朋友家中，留下的只是画册、木板水印画等。而就在这一年的十二月，便有盗贼光顾，专门撬开存放字画的箱子，盗走画册与木板水印画。

俗话说："不怕贼偷，就怕贼惦记。"经此之后，宋京其更是不敢将字画存放在自己家，而是辗转存放在三个朋友和亲属处，直到二〇〇〇年搬入安保措施较好的新居，才将之取回。

宋云彬日记里记载过的有些字画，可能已经毁于被抄家的那个夜晚（如有黄宾虹题"敦皇隋大业高僧智果功德画"签条一件，但原画已不知去向）；而现存中有些扇面被撕裂，有些字画被踩踏，也都成为了那个疯狂的年代最好的见证。

五、附友朋书札

据宋云彬日记统计，其一生所收友朋书札，如果不损失，其量必颇为可观。"文革"期间，书札在抄家时被抄走，按照抄家者在书札上留下的编号，抄走的应该在四百通以上，“文革”后归还的只有近一百通而已，也只是劫后残馀了，其时间大都在二十世纪四十年代末至一九六六年六月之间。今选取陈叔通三通、叶熙春一通、张宗祥九通、邵力子二通、马一浮一通、马叙伦一通、柳亚子一通、王伯祥一通、叶圣陶十八通、陈乃乾一通、胡愈之一通、丰子恺八通、张惠衣一通、徐调孚一通、俞振飞一通、沈从文一通、许志行四通、聂绀弩一通、廖梦醒一通等十九人五十通，附于《图录》之末。

这些书札，其所涉人物众多，内容广泛，如柳亚子自曝情感事、胡愈之约请编辑华侨教科书、叶圣陶约请编审新中国第一套教科书、邵力子提倡之吞蝌蚪避孕事、汉字简化问题之讨论、俞振飞因剧本改写要突出“主题思想”之焦虑、沈从文以服饰形制论《南齐书》“编棕皮为马具装，析竹为寄生”句中“析”字、张宗祥点校《国榷》之稿酬标准问题，以及若干人事请托与工作安排等，不一而足，蕴藏史料，极为丰富。

兹将这批字画、信札汇编成《宋云彬旧藏书画图录》，分书画、扇面、信札三部分，每一部分下大致依作者生年先后编次。相信读者在欣赏其艺术造境之同时，必能读出隐藏在其身后的故事，以及这些故事所承载的时代命运与历史沧桑。

此文起草于乙未年中元节，时客吉林通化。阅兵日归，复得兆虎、庆江二君为觅资料，考索过程遂如鱼获水。虽每日整理俱至午夜，然心情舒畅，为近年作文所未有也。八月朔，个厂识于仰顾山房。

原载《中国文化》2016年春季号

士唯不可俗

——对傅先生的点滴之忆

2016 年元月 23 日，极冷的一天。下午二时许，接西安李浩来电，谓自陈尚君处得知，说傅先生已上呼吸机，情况甚是不佳云，要我打听。时我正在城北走访老师；且傅先生近两年来随病随差，入院出院，已为常事，故也未放在心上。

三时许，忽得徐俊总经理来电："在北京么？"

"在。"

"速来书局。傅先生走了！"

……

转眼经年，学界同仁多有纪念文章，事详情恳，读之感慨。作为在中华书局工作的我，其间与傅先生不多的交往，似宜有稍作勾勒之必要，于此可见先生对于后学晚进之提携、日常生活之点滴，以及偶尔流露出的内心世界、士人情怀。

一、第一封信

2001年3月，我求职中华书局，次月实习。来局之前，傅先生大名，已如雷贯耳。当时傅先生已经退休，但在一层还保留一间办公室，所以常能在楼门口碰到。

实习期间，负责编校《初中古文背诵推荐篇目精解》稿，其中收入韩愈《送董邵南游河北序》，对于“董生举进士”之“举”字意思，以及董生后来有无中进士，一时未能查到。恰巧遇见傅先生，便冒昧上前询问；当时感觉傅先生不善言辞，交流也不多，但先生是要了我的姓名而去的。

不承想，没过多久，就收到傅先生塞在我部门信箱中的一封信：

俞国林同志：

前曾问及韩愈《送董邵南序》中“举进士”是否已进士登第。经查，此董生未登第，清代徐松《登科记考》亦未有其名。唐代说“举进士”，是说由州、府推举向中央考试进士。韩愈文中也述及董邵南郁郁不得志。

傅璇琮　6.13

傅先生短短一信，使我疑问，涣然冰释。

此后不久，与傅先生的交往多了起来。到过他的办公室，给我看钱锺书先生写给他的信札，以及签名赠送给他的著作，使我欣赏良久。那时好友郁震宏兄供职浙江电视台经济生活频道之“读书”栏目，负责采编工作，我遂建议采访傅先生与曹道衡先生。后来震宏兄专程来京，在先生的办公室进行了采访，制作了节目，还正式播出了。只可惜，震宏兄寄给我的光盘，弄来弄去弄丢了。

未几，先生的办公室清理出来，回了家。傅先生的家就在书局北侧，仅一墙之隔。先生找出一篇《盛唐诗风与殷璠诗论》论文手稿——繁体直行，圆珠笔书写——专门赠送给我，还写了一则题记：

> 此为一九八七年冬在美国密斯根大学时所撰，亲笔钞写，且繁体字，现已不能写。今赠俞国林同志。
>
> 傅璇琮
>
> 二〇〇四年三月

并钤“傅璇琮印”一枚。此文原稿五十页，计一万五千字，曾刊1988年《清华大学学报》第三卷第三期。

傅先生早年在文学组工作，“文革”后任古代史编辑室副主任，自此升任书局领导；但在学术界，傅先生交往最多的还是古代文学领域。我自2004年主持文学室工作后，与先生的交往渐渐多了起来。

二、夹克衫与帆布袋

从朋友们晒出的与傅先生的合影，可以看到，傅先生的衣着，基本都是夹克衫。款式也基本相同，其颜色则有灰色的、蓝色的、土黄色的，尤以土黄色夹克衫的照片最多。我在书局与先生交往的十五年间，所见也无非是如此。

2004年以后，我搬到四层西头的办公室。上班都是搭乘东头的电梯，到了四层，再往西走。

先生由于腿脚不好，走路一高一低，踩着地面发出的声音也是一轻一重，在狭长的楼道里，这声音格外突出。我办公室的门，一般都是敞开着的，只要听到从东头传来一轻一重的脚步声，就知道是傅先生来了。先生每次路过，都到门内。有时仅是打一招呼；有时告诉我谁给他发了一篇文章到我邮箱，让我打印后给他；有时则是从随身携带的帆布袋里取出一本签好名的新书送我；有时则是写了一封信，并附上他人的书稿，让我审阅……我关注到这个帆布袋，本应是白色的，但使用得已然很久，非常破旧，感觉脏脏的。

2010年前后，不知多少次，在寒冷冬天的六点之前，太平桥小区昏黄的路灯之下，见到傅先生，穿夹克衫，提帆布袋，从家中出来，走向六里桥南公交车站。打过几次招呼，先生说："去清华。"我便目送这一高一低之步伐，消失在匆匆忙忙的人群中。

傅先生是浙江宁波人，浙江人都有着很浓厚的乡梓之情。先生曾出任《宁波通史》的编委会主任，并担任主编一职。后来，宁波鄞州区政府拟出版《王应麟著作集成》，先生又出任编纂委员会主任。记得某次在小区门口遇见，先生手提一件西服，见我道："宁波送我的。说要五千多元呢！"可我从没见他穿过。

我曾见傅先生自太平桥菜市场推个小车，买菜回家，手里还提着那个帆布袋。所以我想，夹克衫、帆布袋，此必是先生之标配也。当年国家领导人看望先生时，先生也是如此"布衣韦带"，未易分毫。

三、为孔尚任《续古宫词》题跋

当年我为写毕业论文，曾跑过很多图书馆。在南开大学图书馆里，发现了被学术界遗忘已久的孔尚任《续古宫词》百首，为康熙年间介安堂刻本，遂过录而归。后又毛笔恭钞一份，线装一册，且细为考证此书之创作时间、背景以及孔氏当时之心态，附于书末。

2002 年 4 月，我将毛笔恭钞本《续古宫词》请傅先生题跋。先生跋曰：

俞君自至中华后，与余略有文字交往。余读其文，睹

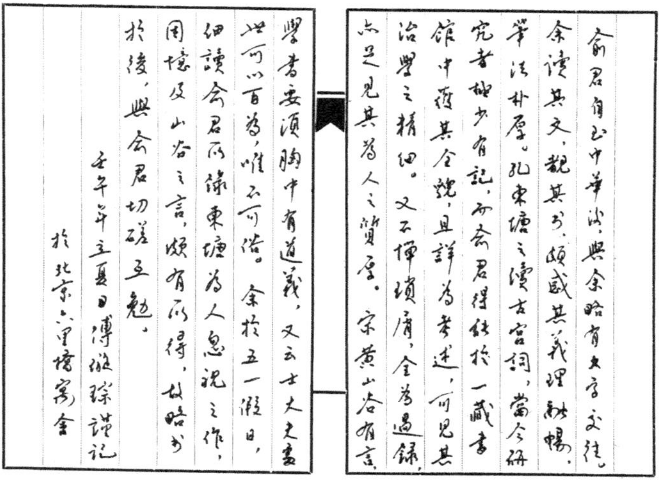

俞君自台中華來，與余略有文字交往。余讀其文，觀其書，頗感其義理融暢，筆法朴厚。孔東塘之續古宮詞，當今研究者頗少有記，而俞君得往於一藏書館中讀其全貌，且詳為考述，可見其治學之精細。又不憚煩瑣，全為過錄，亦足見其為人之質厚。宋黃山谷有言，學書要須胸中有道義，又云士大夫處世可以百為，唯不可俗。余於五一假日，細讀俞君所錄東塘為人息況之作，因憶及山谷之言，頗有所得，故略書於後，與俞君切磋互勉。

壬午年立夏日傅璇琮謹記

於北京六里橋寓舍

傅璇琮跋孔尚任《续古宫词》

其书，颇感其义理融畅，笔法朴厚。孔东塘之《续古宫词》，当今研究者极少有记，而俞君得能于一藏书馆中获其全貌，且详为考述，可见其治学之精细。又不惮琐屑，全为过录，亦可见其为人之质厚。宋黄山谷有言："学书要须胸中有道义。"又云："士大夫处世可以百为，唯不可俗。"余于五一假日，细读俞君所录东塘为人忽视之作，因忆及山谷之言，颇有所得，故略书于后，与俞君切磋互勉。

壬午年立夏日，傅璇琮谨记于北京六里桥寓舍。

傅先生跋文内所期许于我者，十数年后读来，甚感愧疚。且每况愈下，已无敢奢望矣。

记得傅先生在《唐代诗人丛考》的"前言"里写道："若干年前，我读丹纳的《艺术哲学》，印象很深刻。"傅雷先生在给儿子傅聪的家书里，也说道："比如丹纳的《艺术哲学》之类，若能彻底消化，做人方面，气度方面，理解与领会方面，都有进步。"将两位傅先生读《艺术哲学》后的感受，结合起来比照，其实我们可以发现，傅先生心中那种诗人敏锐之艺术气质，以及传统知识分子"士唯不可俗"之道德追求，是横亘于心中，一以贯之的——但我们却极少从平时的交流中感受到傅先生这一点。或许与先生六十年前之遭遇有关吧。

读其书，知其人。在学术著作、专题论文之外，通过一些简短的回忆篇章、序跋文字，似得略窥先生之内心世界与士人情怀。

四、八十岁之祝寿文集与生日座谈及蛋糕

2011 年下半年，书局领导考虑到第二年傅先生将迎来八十大寿。如何给傅先生过寿呢？像先生这样在学术界有影响的学者，就中华书局而言，既不能如高校般为先生操办祝寿大会，也不能只无声无息地送个蛋糕了事。只得与傅先生商议。先生低调，不愿宣扬。最后商议的结果：一、循学界通例，为编辑出版一册《傅璇琮先生八十寿庆论文集》；二、生日那天，邀请若干位学界同道，开个小型座谈会。

《寿庆论文集》之约稿名单，经傅先生、编辑部与徐俊总编辑各自理出一份，汇至我处。经删重整理，并拟《征稿启事》一篇，交傅先生阅处。第二天，即接到先生的意见：

国林同志：

“约稿名单”阅后，提出一些意见，仅供参考，并请转呈徐俊同志。

按一般寿庆论文集体例，凡年龄高于本人者，大致不约稿。今名单中，如程毅中、罗宗强、周勋初三位，拟不约。与我同龄者，好几位健康不佳，恐不宜写作，如邓绍

基、刘世德、刘学锴、郁贤皓四位。另，明显是我领导的，如袁行霈，为中央文史研究馆馆长，我则为一般馆员，最好也不约。以上八位，请酌处。

另，拟补八人，较我年轻，有学术成就，并与我有学术交往：……以上八位，如有选定者，我可再补通讯处。又，已约的名单，我亦可以补写通讯地址。

谨谢！

傅璇琮 2011.11.5

根据傅先生意见，我们重新整理了约稿名单，并于当年年底陆续发出《征稿启事》。

《寿庆论文集》的来稿、编辑都很顺利，2012 年 12 月 3 日样书送来。并于 12 月 5 日，在中华书局会议室，召开了傅璇琮先生八十寿庆座谈会。座谈会规模极小，学术界只请了刘跃进、蒋寅、刘宁、刘石、吴相洲、卢盛江六位。另外，中国唐代文学学会会长陈尚君、北京大学中文系教授傅刚发来贺信。刘跃进说：

傅先生不只是一个学者，更是学术界的组织者和引导者，以敏锐的眼光，提携后进，组织年轻学者参与活动、出版书籍，让许多年轻学者脱颖而出，尝到学术研究的“甜头”，从此进入这个行当。对于年轻学者，这不是一件事，而是一生的事。

可见先生心胸之阔，气象之大。刘石说，曾经有人问傅先生如何做学问，大家都以为先生肯定会滔滔不绝讲很多方法、方式什么的，谁知傅先生只慢慢地说了一句："做学问就是把中华书局五百字的大稿纸一撕两半，遇到有用的材料就钞下来。"当大家还在等着下文的时候，傅先生补充道："就这些了。"

座谈会开得非常轻松，没有什么冠冕堂皇的套语，也没有不知所云的虚词。座谈会后，大家到青年餐厅用餐。饭后，送上特大蛋糕，我们给傅先生戴上生日帽，又请先生举起大刀，切开蛋糕。大家都说："今天可能是傅先生第一次切蛋糕。"那天傅先生是非常愉快的。

傅先生有一段答谢词，说道："非常感谢各位同仁、挚友为我举办这次座谈会！是中华书局培养了我，没有中华书局，就没有我今天的成绩。我之所以现在还可自我安慰，就是因为两件事情：一是我编辑、写作的书和文章；二是有学术界朋友们对我的信任，我的很多工作都是学术界帮我做的，在此表示诚挚的谢意。"

我想，傅先生所言的"两件事情"，第一件指先生给别人的著作当编辑，及自己写的文章与著作；第二件"我的很多工作都是学术界帮我做的"，大概就是先生规划的很多项目，交给学术界的朋友来完成，诚如傅刚在贺信中说"傅先生的工作在中华，但他的学术舞台却是全国的"，卢盛江说"我们每做一个东西，傅先生都比我们还高兴"。

五、病中的三次探望

后来傅先生因跌跤而不良于行，身体渐衰，时有住院治疗之举。常有学者向我打听傅先生病情，我建议他们说，若得便，还是来看看吧。

2015 年 5 月 20 日，武汉大学王兆鹏来京。上午十时许，我陪之到电力医院看望傅先生。时先生卧床，颇显消瘦，交谈之际，听力不佳，话语也有重复现象。临行，兆鹏兄将傅先生扶起，我为二人合影。出来时，兆鹏兄告诉我说，扶起傅先生后，傅先生明显坐不稳，且浑身发抖，可见肌肉之无力也甚矣。

7 月 26 日中午十一时许，刘跃进来，我陪之到家中看望傅先生。之前听说傅先生从不在家接待访客，因为家中杂乱异常，无法留出客位。此是跃进兄第一次进傅先生家门，也是我第一次进傅先生家门。屋内陈设，果如传闻。此次傅先生精神状态不错，谈吐也较上次清晰，与跃进兄交流学术与出版之动向。跃进兄归后，还来电长谈，感慨先生之病状，顺及沈玉成、曹道衡两位先生之往事。

8 月 14 日，广州戴伟华来京。下午四时许，我陪之到家中看望傅先生。伟华兄与傅先生聊近半小时，皆生泣意。此时，傅先生一个劲地挥手，要我二人离去，且不停地说："好了！好了！……"约四五十次。徐老师（傅先生夫人）与我说："知道今天戴先生要来，从早上一直惦记到你们进屋。见了面却又要你们走，是不想让你们看到他现在这个样子。——男儿有泪不轻弹！你们待久了，他会伤心起来的。”伟华兄再三要多待一会，我劝之出。晚餐后，我建议伟华兄再去看望一次。坐还不到十分钟，傅先生就说：“国林同志，你们回去休息吧！”挥手数次，促我们归。可惜，忘了给伟华兄与傅先生合影了。

自此之后，我便再没有去看望过傅先生！

六、最后一封信

傅先生保持了老辈学人勤于写信的传统，虽同在书局，也时常亲自送信与我。很多时候，大都是各地学者托傅先生将书稿推荐给书局，谋求出版。傅先生对这些请托的处理，与他给别人的著作写序是一样的，都是看过书稿内容的。所以傅先生的信，一般也会介绍书稿内容、学术价值，以及作者的学术背景、成就等。

2014 年 12 月 30 日，徐老师送来傅先生转给我的一包书稿材料，另附一通信件。信曰：

俞国林同志：

今转上山西太原一位学者□□□先生一信及有关材料。我因身体不好，不能看稿，且对现在出版工作也不太了解，故特转上他的材料，请您处处理。或请他将稿件寄来，您处审读。请直接与他联系。

谨谢！

傅璇琮 2014.12.30

傅先生虽已不能再像之前那样审阅书稿，评定价值，但还是用颤抖的手，给我写来一封颤抖的信件，希望我能认真对待。

傅先生作为一名学者，身处中华书局这一重要出版阵地之中，是名副其实的学术界领导者之一。傅先生对于学术之推动与规划，对于后辈晚生之提携与扶持，终身与之。近三四十年来，似未有过之者，诚如刘宁所说："傅先生是近三十年来人文学科的总设计师。"

昔年读顾颉刚先生致谭其骧信，谈到办《禹贡》半月刊之目的，顾先生说：

我们若为自己成名计，自可专做文章，不办刊物；若知天地生才之不易，与国家社会之不爱重人才，而欲弥补这个缺憾，我们便不得不办刊物。我们不能单为自己打算，而要为某一项学术的全部打算。

所谓"刊物"，就是出版，其理一也。这句"我们不能单为自己打算，而要为某一项学术的全部打算"，恰可作为傅先生一生事业的传神写照。傅先生对学生晚辈之关心，甚至远远超出了对自己女儿的照顾。

噫！四层的楼道里，再也听不到先生一轻一重的脚步；太平桥西里小区的周边，再也见不到那个身穿夹克衫、手提帆布袋踽踽独行的身影。一切，都好像昨日；一切，都倏忽曾经。

生犹可恋，死既过往。如先生者，其惟绝响？

2017 年 1 月 21、22 日写

原载《中华读书报》2017 年 1 月 25 日

大麻艺文选注序

运河自武林北去，出杭州之境有乡曰大麻。其地三府交界，四县结邻，漾荡星罗，水陆棋布。是苕溪之南脉，实太湖之后港。芦荻丛杂，商楫争竞。此地民风尚勇，人情重义，赵宋以来，未尝改易。乡之名，不知所据，盖文献无徵；乡之属，向隶德清，幸簿籍可稽。庚寅区域重组，乡事划并桐邑。自此以往，德清县志无与焉，桐乡县志阙如焉。五十八年，漂若游子，遂至千百岁间人物事故，渐为湮灭，深用痛惜，良可哀矣。余友郁兄震宏、范兄红杰，慨文运之衰亡，叹斯道之不倡，毅然而然，纂辑邑乘，摭收遗闻，攟拾稗记，遍检四部，旁及金石，访故家之旧迹，启老叟之记忆，以二人之私力，修一乡之信史。其难也吾不得而知惟二人是知而闻者皆知之，其成也吾可得而见惟二人是见而天下共见之。余与郁兄交十数年，然十数年来，余以求学于外，不能常相徘徊，今者客寓燕京，更是归期不定；每有公干江南，必假以返乡，煮酒论文，其乐何似。昨日郁兄远道贻书，惠示所辑艺文选注，洵释词精而考事详，诚费力深而用心苦；谓拟公诸同好，聊备存说，并嘱为一序，以志乡音。余岂敢以不文辞，谨述所知云尔。

时第七十九甲子之丁亥岁十月，鱼桥村民俞国林序于仰顾山房。

大麻志序

古人曰："在邦言邦，在乡言乡。"吾少时离家，读书洲泉，稍长即负笈京华，如今徜徉他乡，十有五年矣；然故乡之情愫，常萦绕心中，挥之不去，且愈久弥笃，斯可感矣。吾大麻一乡，位于三府四县交界之处，地当要冲，北接太湖，故五十年前匪患不绝；自来民风尚武，而鲜有通经书、博诗文、喜吟诵者，故纪载乡里之文献亦颇尔尔，斯可叹矣。吾友郁兄震宏、范兄宏杰惧往事之渐至湮灭，而先贤之功业由此而不彰，乃发愿以个人之私力，纂修乡邦之故史，以为輶轩使之参考、以为观光者之谈资、以为里中人之思古，历数年之寒暑，爬疏钩稽，成志书八卷，斯可庆矣。章实斋《方志立三书议》曰："凡欲经济一方之文献，必立三家之学而始可以通古人之遗意也。仿纪传正史之体而作志，仿律令典例之体而作掌故，仿文选文苑之体而作文徵，三书相辅而行，阙一不可。"吾观乎大麻一志，其合章氏所言之三书而并于一，举凡地志、经济、人文、民俗、掌故，皆可资考求，斯可无憾矣。是书成时，郁兄即寄示一部，命草数语，盖此事我知之详且深故也。爰乘远游之际，细读一过，中多有向所未闻者，其为吾乡历史文献之渊薮，斯可必矣。

戊子三月，同学弟俞国林序于洛杉矶。

麻溪李芥佥先生艺展序

吾麻古多雅士，然尠有以绘事名家者，有之，当自芥佥李忠其始。芥佥先生，吾友震宏郁君内堂兄也。所居孟元河，去予家不三里而近。予客京师二十年，不及与里中贤人君子相过从，因震宏兄而略知其名姓，芥佥其一也。震宏兄间尝言及，每称道不置，予虽未见其人之画，固已心识其振奇磊落之士也。今年冬，芥佥先生将举艺展于禾中，震宏兄以予雅好书画，且同乡里，书来属记。予年来研撢赵吴兴《水村图》，稍留意画学，粗有所得，以为展卷而有以见其为人，如丰城剑气，精光自不可掩，斯必传之作也，笔墨之工不与焉。芥佥先生浸润此道久，不知以为然否？曩读曾湘乡《风气论》，未尝不废卷而叹，因思一乡一鄰，何独不然。安得芥佥者数人以牖启风气，则吾麻异日艺事之盛，可以必矣。呜呼！引领南望，岂独去国怀乡之思乎？

丁酉冬月，鱼桥村民俞国林谨序于仰顾山房。

吴郡顾氏宝树园印集序

江之南多右族，顾其著者也。苏之秀埜艸堂顾氏，其尤著者也。文采风流，奕世丕显，清圣祖誉为江南第一读书人家，良有以也。后因事卜居悬桥巷之宝树园，传五世而有廉军公讳之义者，精橅印，擅铁线。廉军公子讳柏年，字贞白，号子虬，少负盛名，以冠军入泮，官直隶州知州。清室既屋，以食指众，宦隐武林，绾浙省盐运使署科篆凡二十馀年，晚赴燕京，就子颐养。子颉刚先生，淹通坟典，出入乙部。学主为己，秉浩然之气；立身质直，严夷夏之防。每藉治史，以濬发民族精神，迨卢沟衅起，即遭名捕，只身离平。未几，子虬公归里，外伤国事，内悲别离，竟以郁侘死。悲夫！公平居喜金石碑帖，亦富搜藏。颉刚先生晚岁捐书，厘选三代所集，分别钤印，以示积书之匪易，而聚散之靡常也。乙酉初，予主先生全集之刊刻，六易寒暑，终底于成，时先生辞世已三十年矣。於戏！人事代谢，往来古今，枣梨楮墨，哲思永恒。先生与子虬公两世用印，予所得见者凡六十枚，即倩人钤拓五份，用存其概，且复刷印叁百部，以广流传。前辈风流，庶几不泯。

时阏逢敦牂之莫，桐乡俞国林拜题于仰顾山房。

南阳冯氏三松堂印集序

观乎吾国二十世纪前半叶之学术，受欧美日之影响至深，盖操觚之士多留学彼邦故也。绩溪胡氏南阳冯氏二先生，先后负笈哥伦比亚大学，师从杜威教授。绩溪撰《哲学史大纲》，纸贵一时，惜止半部，未竟全功。逮至先生，始著通史。矫附会之恶习，寄了解之同情。取材广博而谨严，持论精微而卓荦。深入浅出，并世称焉。及卢沟衅起，先生随校南迁。渡湘水，诵屈贾行吟之骚赋；登衡岳，拜朱张嘉会之堂庑。折臂河内，隐忍昆明。于颠沛流离之际，继成贞元六书，其《新原人》序曰："况我国家民族，值贞元之会，当绝续之交，通天人之际，达古今之变，明内圣外王之道者，岂可不尽所欲言，以为我国家致太平，我亿兆安心立命之用乎？"民族之兴亡与夫历史之变幻，固激发于先生者多矣。抗战胜利，先生为西南联大纪念碑撰作碑铭。其文气势磅礴，识见高远，情感充沛，辞藻华美，韵律铿锵，洵一时无两之雄文也。先生天赋异禀，颖悟过人。幼喜逻辑，长好理学。究物象之表，詧性命之微，恒以横渠四句为期许。晚寓燕园，手书一联：“阐旧邦以辅新命，极高明而道中庸。”悬于三松堂之东墙，晤言静坐，晨夕相对。先生勤于著述，今传专著逾三十种，论文五百馀篇，已汇全帙，刊行于世。予年来董理学人自用之印，询诸宗璞先生。先生倾箧相示，劫后所馀，仅二十有六枚耳，遂编是集。钤印若干本，以为读先生之书而敬先生之学者，聊存鸿爪之思云尔。

时强圉作噩仲春，桐乡俞国林拜题于仰顾山房。

祭陆费伯鸿先生文

维

壬辰孟夏，吉日良辰。京港两地，中华同人。谨奉芗合，清酒羞珍。荐于　伯鸿先生之灵前，祝以文曰：

於戏先生，系出桐乡。旧德濬哲，长发其祥。
复姓陆费，号曰少沧。幼秉家学，母授文章。
内美强毅，芳菲弥彰。重以修能，郁乎堂堂。
日知楚报，救国危亡。乃遭名捕，弃走武昌。
文明商务，教育改良。辛亥一役，共和方倡。
民国肇造，创局赞襄。教材革命，事董华商。
书业进步，念兹不忘。八大杂志，启智兴邦。
四部备要，行地无疆。辞海流布，纸贵洛阳。
集成影印，词林称觞。聚珍仿宋，万卷琳琅。
贤才广纳，侧陋明扬。工良器利，惟时无双。

精勤擘划，日以辉光。斯频国步，变起扶桑。
檄文备战，见于未萌。九龙设厂，助援国防。
匡庐献替，文弛武张。渝州参政，鸿范就将。
素志未伸，客死香江。青山有幸，宅兹茫茫。
文存杂谈，流泽绵长。立功立德，立言铿锵。
鞠躬尽瘁，示人周行。未竟事业，后兹承当。
风雨板荡，与世颉颃。经营百载，赫戏辉煌。
典垂万禩，册述三王。呜呼先生，死而不亡。
云山苍苍，江水泱泱。松柏掩映，蔓草瀼瀼。
七十一年，谁与荐享。魂兮归来，呜呼尚飨！

祭陈梦家先生

花之于春而开
不及于秋而衰
无论为家或为野
终至于化泥与尘埃

拨去历史之盘扣
五十年漫长守候
梦或无梦游于华胥之国
嗜或无嗜欲于是非之后
蓦然回首
挥不却翩翩之衣袖

三座门前曾经淡绿色月光

勾连起诗人生与死间之彷徨
幻作一缕青烟飘赴何方
魂兮魄兮归来兮呜呼尚飨

后　记

自从事编辑工作以来，阅稿虽曰无数，然细读者实鲜。即读，也只是略窥梗概而已，真是为学亦日损矣。偶因书稿关系，梳理相关文献，勾勒出版掌故，铺叙成文，积得若干。今蒙凤凰社不弃，嘱选编一册，即检旧稿中稍觉可存者二十篇，粗为次第，殆亦敝帚自珍之意云尔。且因大都成于仰顾山房，故以为名。

己亥十月，个厂

凤凰枝文丛

三升斋随笔	荣新江 著
八里桥畔论唐诗	薛天纬 著
跂予望之	刘跃进 著
潮打石城	程章灿 著
会心不远	高克勤 著
硬石岭曝言	王小盾 著
云鹿居漫笔	朱玉麒 著
老营房手记	孟宪实 著
读史杂评	孟彦弘 著
古典学术观澜集	刘 宁 著
龙沙论道集	刘 屹 著
春明卜邻集	史 睿 著
仰顾山房文稿	俞国林 著
马丁堂读书散记	姚崇新 著
远去的书香	苗怀明 著